AF762504

www.ingramcontent.com/pod-product-compliance
Lightning Source LLC
LaVergne TN
LVHW010814051026
849532LV00007B/2540
* 9 7 8 9 3 6 9 0 8 7 5 6 3 *

ابنِ انشاء اور خلیل الرحمٰن اعظمی

ابنِ انشاء، خلیل الرحمٰن اعظمی

مرتبہ: اعجاز عبید

Ibne Insha Aur Khaleel ur Rahman Azmi

by: Aijaz Ubaid

Edition: December '2024

Publisher :

Taemeer Publications LLC (Michigan, USA / Hyderabad, India)

ISBN 978-93-6908-756-3

کتاب	:	**ابن انشا اور خلیل الرحمٰن اعظمی**
جمع و ترتیب / تدوین	:	**اعجاز عبید**
صنف	:	غیر افسانوی نثر
ناشر	:	تعمیر پبلی کیشنز (حیدرآباد، انڈیا)
سالِ اشاعت	:	۲۰۲۴ء
صفحات	:	۱۲۶
سرورق ڈیزائن	:	تعمیر ویب ڈیزائن

فہرست

حرف اول

۲۰۰۷ء میں راقم الحروف نے اس مرتبہ کتاب کا پہلا ایڈیشن برقی طور پر ''اردو کی برقی کتابیں'' ویب گاہ پر شائع کیا تھا۔ اس زمانے میں یونی کوڈ کا چلن اتنا عام نہیں تھا، نہ بیشتر سافٹ وئرس میں اردو کی سپورٹ تھی۔ اس لئے بہت عرصے سے خیال آ رہا تھا کہ اس کا نیا ایڈیشن شائع کیا جائے۔

اس سلسلے میں پہلے ایڈیشن کی کہانی پھر سنائی جائے تو نامناسب نہیں ہوگا۔

خلیل صاحب میرے مشفق اور مربی تھے۔ ان سے میرے تعلقات میری طرف سے حد درجہ تعظیم کے تھے، مگر ان کی طرف سے برادرانہ، کہ وہ کہتے تھے کہ میں انہیں خلیل بھائی کہوں، شاید میرے 'قبلہ' کہنے پر انہیں بزرگی کا احساس ہونا گوارا نہ تھا۔ یہ تعلقات ۱۹۷۵ء تک ہی رہے کہ اس سال میں ملازمت پر کلکتہ چلا گیا علی گڑھ کو خیرباد کہہ کر۔ بعد میں انہوں نے یکم جون ۱۹۷۸ء کو انہوں نے ۵۱ برس کی عمر میں ہی

اس دنیا کو خیرباد کہہ دیا۔ یہ وہی عمر تھی جب انہوں نے خود ابن انشاء کے انتقال کے بارے میں لکھا تھا کہ ''اکیاون برس کی عمر بھی کوئی عمر ہوتی ہے۔'' یعنی دونوں قریبی دوست ایک ہی عمر میں آگے پیچھے رخصت ہو گئے۔

مئی جون ۷۸ء کو دو ماہی 'الفاظ' علی گڑھ نے ان کا ابن انشاء پر مضمون اور ان کے خلیل بھائی کے نام خطوط شائع کئے تھے۔ یکم جون کو ان کا انتقال ہو گیا لیکن انتقال سے پہلے انہوں نے یہ دونوں چیزیں چھپی ہوئی دیکھ لی تھیں کہ مدیر 'الفاظ' ابو الکلام قاسمی (افسوس اب یہ بھی مرحوم ہو گئے) کا بیان تھا کہ ان کی وفات سے ایک ہفتہ قبل ہی یہ شمارہ چھپ گیا تھا۔

میری فرمائش پر مضمون فاتح محمد بشیر نے یونیکوڈ اردو میں اردو کی مشہور ویب گاہ اردو محفل پر ٹائپ کیا تھا، اور خطوط محمد وارث نے۔ 'الفاظ' کے صفحات میں نے رسالے سے سکان کر کے اردو محفل می فراہم کئے تھے۔

یہ لکھتے ہوئے بھی کلیجہ منہ کو آتا ہے کہ میرے یہ دوست وارث بھی اس دنیا کو چھوڑ گئے ہیں۔

اس کتاب کا یہ ایڈیشن محمد وارث کی اردو خدمات کے نام

اعجاز عبید

چند لمحے ابن انشا کے ساتھ

خلیل الرحمن اعظمی

لاہور میں ایک چینی موچی کی دوکان ہے۔ سڑک پر گزرتے ہوئے ایک صاحب نے اس دوکان کے شوکیس میں رکھا ہوا ایک انوکھا اور خوبصورت جوتا دیکھا۔ فوراً وہیں رک کر دوکان میں داخل ہوئے اور اس کے مالک سے پوچھنے لگے اس جوتے کے کیا دام ہیں ؟ دوکاندار بولا مگر آپ اسے خرید کر کیا کیجیے گا یہ آپ کے پاؤں کا جوتا نہیں ہے۔

وہ صاحب بولے ''مگر میں تو اسے خریدنا چاہتا ہوں۔ میں اس کا ترجمہ کروں گا۔''

یہ صاحب ابن انشا تھے۔ ایک پراسرار اور انوکھی، طباع اور رومانی شخصیت ''جوتے کا ترجمہ'' تو محض ان کی ''خوش طبعی'' کا ایک مظاہرہ تھا مگر اس جوتے کی بدولت انہیں

چینی شاعری کی تلاش ہوئی۔ طرح طرح کے مجموعے اور انتخابات ڈھونڈ ڈھونڈ (۱) کر لائے اور ان کے منظوم ترجمے اردو میں کر ڈالے اور چینی نظمیں کے نام سے ایک کتاب بھی شائع (۲) کی۔ اس کتاب میں قدیم چین کے لوک گیت ہیں۔ صحیفۂ کنفیوشس کی نظمیں ہیں، چرواہوں کی تانیں، جوگیوں اور بیراگیوں کی خود کلامیاں اور ان کے اقوالِ دانش ہیں اور عہد جدید کے منظومات بھی۔

شخصیت کی اسی پراسراریت اور انوکھے پن کی وجہ سے وہ ایڈگر ایلن پو کو اپنا ''گرو دیو'' کہتے تھے۔ ایڈگر ایلن پو کی انوکھی شخصیت اور اس کی شاعری نے سب سے پہلے ہمارے یہاں میراجی کو اپنا دلدادہ بنایا تھا اور انہوں نے بہت پہلے پو کی شخصیت اور شاعری پر ادبی دنیا میں ایک مضمون لکھا تھا اور اس کی کچھ نظموں کے منظوم تراجم بھی کیے تھے۔ پو کے دوسرے عاشق ابن انشا تھے جنھوں نے پو کی پراسرار کہانیوں کو اردو میں منتقل کیا اور اسے ''اندھا کنواں'' کے نام سے ایک مجموعے کی صورت میں شائع (۲) کیا۔ اس کتاب کے دیباچے میں انہوں نے اپنے اس خیال کا اظہار کیا تھا کہ پو کی تنقیدیں بھی خاصے کی چیز ہیں اور آیندہ وہ اس کے تنقیدی مضامین کا ترجمہ بھی کریں گے۔ معلوم ہوتا ہے اس ارادے کی تکمیل نہ ہو سکی۔

خود ابن انشا کی اپنی شاعری میں یہی پراسراریت اور نرالی فضا ہے۔ ان کی نظمیں اگرچہ عصری آگہی کے اظہار میں اپنے عہد کے کسی شاعر سے پیچھے نہیں ہیں مگر ان نظموں کی فضا اور ان کا تانا بانا اپنے عہد کے مروجہ اسالیب سے بالکل الگ ہے۔ ان کے پہلے مجموعے کا نام ''چاند نگر'' ہے جو ۱۹۵۵ء میں مکتبہ اردو، لاہور سے شائع (۲) ہوا تھا۔ اس مجموعے کا نام بھی پو کی ایک نظم سے مستعار ہے۔ اس کی توضیح کرتے ہوئے دیباچے میں لکھتے ہیں:

'گرو دیوایڈگرایلن پو کی ایک نظم ہے۔۔۔۔ ایلڈوریڈو یعنی شہر تمنا۔۔۔۔ قصّہ اس کا یہ ہے کہ ایک بہادر جی دار نائٹ اوپچی بنا، دھوپ اور سائے سے بے پروا ایلڈوریڈو کی تلاش میں مستانہ گیت گاتا گھوڑا اڑاتا چلا جا رہا ہے لیکن برسوں گزر گئے۔ زندگی کی شام آگئی۔ اسے روئے زمین پر کوئی ایسا خطہ نہ ملا جو اس کے خوابوں کے شہر کا مثیل ہوتا۔ آخر جب اس کی تاب و تواں جواب دینے کو تھی اسے ایک بڈھا پھوس زائر ملا، جو سفر کی صعوبتوں سے گھل کر سائے کے سمان رہ گیا تھا۔ اس پیر فرتوت نے بھوؤں کی جھالر ہٹاتے ہوئے کہا:۔ اگر تمہیں اس شہر جادو کی تلاش ہے تو چاند کی پہاڑیوں کے اُدھر سایوں کی وادیِ طویل میں قدم بڑھائے گھوڑا دوڑائے آگے ہی آگے بڑھتے چلو۔۔۔۔۔

معلوم نہیں اس سورما نائٹ کو وہ شہر تمنا ملا کہ نہیں لیکن سفر جاری رکھنے اور گھوڑا آگے بڑھانے کا بہانہ ضرور مل گیا۔ شاعر کو بھی ذہنی طور پر سندباد جہازی یا یولیسس ہونا چاہیے یعنی اس کے سامنے ایک نہ ایک ایلڈ دوریڈو۔۔۔ ایک نہ ایک چاند نگر کا ہونا ضروری ہے۔" (۳)

ابن انشا اپنی اس رومانیت کے باوجود اپنے زمانے کے سماجی مسائل اور عوام کے دکھ درد کے ہی شاعر تھے۔ ایک جگہ لکھتے ہیں :

'گرم کی پریوں کی کہانیوں میں ایک ضدی بونا سر ہلا کر کہتا ہے کہ انسانیت کا دھیلا (۴) بھر جوہر میرے نزدیک دنیا بھر کی دولت سے زیادہ گراں قدر ہے۔ میری کتنی ہی نظمیں اس دھیلا (۴) بھر انسانیت کے متعلق ہیں۔ ان میں بھوک کا جاں گداز درد بھی ہے اور جنگ کا مہیب خوف بھی۔۔۔ بھوک اور احتیاج سے رستگاری کی جد و جہد مارکس سے ہزاروں برس پہلے شروع ہوئی تھی اور اب بھی جاری ہے۔"

واقعہ یہ ہے کہ ابن انشا ایک ترقی پسند شاعر تھے مگر ان کی ترقی پسندی تحریک، منشور اور پارٹی لائن والی ترقی پسندی سے مختلف تھی۔ جنگ اور امن کے موضوع پر اردو میں ترقی پسند شاعروں نے ہنگامی اور صحافتی انداز کی کیا کیا نظمیں نہیں لکھیں لیکن ان میں سے آج ہمارے حافظے میں کون سی نظم محفوظ رہ گئی ہے ؟ مگر ابن انشا نے اس موضوع

کو جو بظاہر وقتی اور ہنگامی ہے اپنے شاعرانہ خلوص اور فنکارانہ ایمانداری کے بدولت ہمیں (۵) جاوداں کر دیا ہے۔ مضافات، امن کا آخری دن، افتاد، شنگھائی، کوریا کی خبریں، کوچے کی لڑائی وغیرہ نظمیں آج بھی شعریت سے بھرپور معلوم ہوتی ہیں۔ خود ابن انشا نے ان نظموں سے متعلق اپنا نقطۂ نظر پیش کیا ہے۔ لکھتے ہیں :

''اپنے موضوعات کے باوجود یہ نظمیں تبلیغی نہیں بلکہ ذاتی ہیں اور محمد حسن عسکری کے الفاظ میں میں نے یہ نظمیں اپنے اعصاب سے پوچھ کر لکھی ہیں اور یہی وجہ ہے کہ بعض جگہ ان میں تذبذب یا تشائم راہ پا گئے ہیں۔۔۔ مسلمہ ترقی پسند نقطۂ نظر سے یہ بڑا عیب ہے لیکن اصل چیز وہ رد عمل ہے جو قاری میں ایسی کسی نظم کے پڑھنے سے پیدا ہوتا ہے۔ میں بڑی آسانی سے ان نظموں کے انجامیے لوگوں کے حسب دلخواہ رکھ سکتا تھا لیکن پھر وہ اوروں کی نظمیں ہوتیں۔ میرے جذبات اور میری کمزوریوں کی ترجمان نہ رہتیں اور جیسا کہ عرض کر چکا ہوں اپنی شاعری کو ذاتی سمجھتا ہوں اچھوت ادھار کی قسم کی مقصدی مہم نہیں۔''

گویا ابن انشا نئی نسل کے ان شاعروں کا سرخیل ہے جس نے پہلی بار شاعری میں ذاتی اور شخصی تجربے کی اہمیت پر زور دیا اور ترقی پسندی کے چراغ سے اپنا چراغ جلانے کے باوجود اس میں جس روغن کو استعمال کیا وہ اس کی اپنی ہڈیوں سے پگھلایا

ہوا ہے۔ اسی لیے اس چراغ کی لو دور سے پہچانی جاتی ہے۔ اس نے اپنی نظموں میں ہیئت کے کوئی ایسے تجربے نہیں کیے۔ طویل نظموں میں یہ ٹکنیک ضرور رکھی کہ انھیں چھوٹی بڑی اور مختلف البحر نظموں کا ایک مرکب بنایا اور مرکزی تاثر سے ان نظموں میں ایک وحدت پیدا کی۔ آگے چل کر دس بارہ برس بعد اسی انداز کو عمیق حنفی نے خوب خوب برتا۔ ''سندباد'' اور ''شب گشت'' وغیرہ میں یہ رنگ خوب نکھرا ہے۔ ایسا گمان ہوتا ہے کہ ابن انشا کی طویل نظم ''بغداد کی ایک رات''کا سندباد ایک نئی علامیت کے ساتھ عمیق حنفی کی نظم ''سندباد''میں جنم لیتا ہے۔ ممکن ہے یہ عمل محض اتفاقی اور غیر شعوری ہو لیکن اس کردار کو نئے تناظر میں دیکھنے کا عمل اور اس کی اولیت کا سہرا یقیناً ابن انشا ہی کے سر ہے۔ اسی طرح پنجابی شاعری کی صنف ''سی حرفی''کو بھی میرے علم کے مطابق سب سے پہلے ابن انشا نے اپنی نظم ''امن کا آخری دن''میں برتنے کی کوشش کی۔ اس ٹکنیک کے ذریعہ نظم کا ہر بند یا اس کے مختلف ٹکڑے حروف تہجی سے شروع ہوتے ہیں اور ان حروف سے بننے والے اسما یا اشیا کو ایک خاص پیرایے سے بیان کیا جاتا ہے اور ان کے ذریعہ ایک تاثر ابھارا جاتا ہے۔ مثلاً:

گ گاتی ہوئی گولی ہے کہ گن سے نکلے

کسی گمنام سپاہی کا نشانہ باندھے
گ گبرو ہے کہ بائیس بہاروں میں پلے
ل لاشہ ہے کہ دو روز کے اندر سڑ جائے
پ ہے پنشن کہ سپاہی کو شجاعت کے عوض
ایک پہلو میں ٹھمکتی سی بساکھی دی جائے
ت وہ تمغہ ہے کہ برسوں کی ریاضت سے ملے
اور کسی لاش کی چھاتی پہ چمکتا رہ جائے

جیسا کہ میں نے پہلے عرض کیا تھا۔ ابن انشا کی ان نظموں کی اپنی ایک فضا ہے۔ ان نظموں میں شام اور رات کے دھندلکے کو عام طور پر منظر نامے کے طور پر استعمال کیا گیا ہے۔ اور۔۔۔

''ان نظموں میں کسی گرجا کا گھڑیال بھی اکثر آتا ہے جو ہمیشہ دو ہی بجاتا ہے۔ کہیں ریل کی سیٹی بھی گونج اٹھتی ہے۔ ایک ریل کا پل بھی ہے۔ برسوں میں ایک ریلوے اسٹیشن کے نواحات میں رہا ہوں اور شام کی سیر میں ایک پل پر تنہا بیٹھا گاڑیاں گزرنے کا بچکانہ تماشا دیکھا کیا ہوں۔ گرجا کا گھنٹا بھی سالہا سال میرا رفیق سفر رہا ہے اور میں نے اپنی زندگی کی ہزاروں ساعتیں گھڑی کے بغیر اس کی مدد سے گزاری ہیں۔ اور

چاند۔۔۔ چاند کو تو میں نے آبادیوں اور ویرانوں میں جانے کس کس عالم میں دیکھا ہے۔ یہ سب چیزیں ماضی کی کھونٹیاں ہیں جن پر میں نے یادوں کے پیراہن لٹکا رکھے ہیں۔''

۱۹۵۵ء میں ''چاند نگر'' کی اشاعت اس سال کا ایک اہم ادبی واقعہ تھی۔ ناصر کاظمی کی ''برگ نے'' اور راقم الحروف کا ''کاغذی پیرہن'' بھی اسی سال شائع ہوئے اور اس دور کے کئی نقادوں نے ان تینوں مجموعوں میں کچھ مشترک عناصر کی نشاندہی پر بطور خاص زور دیا۔ میں تو خیر کس شمار قطار میں تھا اور میرا مجموعہ دراصل میری ادھ کچری تخلیقات کا ایک البم تھا لیکن نئے تنقیدی رویے کی بدولت مجھے بھی اچھی خاصی پذیرائی ملی۔ مگر سب سے دلچسپ بات یہ تھی کہ ابن انشا اور ناصر کاظمی دونوں سے میری ذہنی قربت دوستی میں تبدیل ہو گئی۔ یہ دوستی محض خط و کتابت تک ہی محدود تھی۔ ایک کراچی میں تھا (ابن انشا) دوسرا لاہور میں (ناصر کاظمی) اور تیسرا علی گڑھ میں (راقم الحروف) مگر نصف ملاقاتوں کے ذریعہ خوب پینگیں بڑھیں۔

۱۹۶۰ء کے بعد ابن انشا کی شعری تخلیقات کا سلسلہ کچھ مدھم ہونا شروع ہوتا ہے۔ لاہور میں ناصر کاظمی کی غزل کے اتنے مقلد پیدا ہوئے کہ وہ اپنے حلقے میں ایک 'کردار'' بن گئے اور شاعری کو وہ اور ان کے دوستوں نے ایک اسلوب زیست کے

طور پر برتنے کی کوشش کی، ان کی آوارہ خرامی اور رت جگوں کی حکایتیں یہاں بھی پہنچتی رہیں مگر ابن انشا کا اپنا کوئی حلقہ نہ بن سکا۔ وہ اپنی انوکھی اور پر اسرار دنیا کی خود ہی سیاحت کرتے رہے اور ان سیاحت ناموں کو بیان کرنے کے پیرائے بھی بدلتے رہے۔ پہلے تو رنگ میر و رنگ نظیر کی غزلوں میں خوب جھوم جھوم کر داد سخن دی بھر نثر کی طرف آ گئے۔ تبصرے، خاکے، ترجمے، سفر نامے، مزاحیہ مضامین، بچوں کی نظمیں، غرض کہ الم غلم ہر طرح کی چیزیں دیکھنے میں آئیں۔ کبھی ''چلتے ہو تو چین کو چلیے'' کے نام سے اور کبھی ''ابن بطوطہ کے تعاقب میں'' کے عنوان سے اپنی سیاحی کا حال لکھ رہے ہیں۔ ''پاک سرزمین'' کی ادارت کر رہے ہیں۔ ''جنگ'' میں مزاحیہ کالم لکھ رہے ہیں۔ غرض کہ اس ہماہمی میں شاعر ابن انشا ہم سے دور ہی ہوتا گیا۔

اپنے اس ذہنی سفر سے متعلق ابن انشا نے چاند نگر کے دیباچے میں اپنے اندیشے کا اظہار کیا تھا۔ مجھے جو خط لکھے ہیں اس میں کئی جگہ اس پیراگراف کا بطور خاص حوالہ دیا ہے۔ یہ پیراگراف آپ بھی پڑھ لیجیے:

''اسٹیفن اسپنڈر نے اپنی خود نوشت سوانح حیات میں ان دنوں کا ایک واقعہ لکھا ہے جب حضرت کی عمر یہی کوئی اٹھارہ انیس برس کی ہوگی۔ شاعری کی اٹھان کا زمانہ تھا جس میں انسان کو اپنے متعلق یہ گمان ہوتا ہے کہ وہ اس کام کے لیے مبعوث ہوا ہے۔

ایک محفل میں ان کا تعارف جے۔ سی۔ اسکوائر نامی ایک مسن (۵) اور جہاں دیدہ شاعر سے ہوا جس نے ان کا ذوق و شوق دیکھ کر پوچھا:

صاحبزادے! زندگی میں تمھارا مشن کیا ہے؟

شاعری۔۔۔ نوجوان اسپنڈر نے بے تکلف جواب دیا۔

تب تو تمھارا حال مجھ سا ہوگا۔ اسکوائر نے کہا۔

تم بیس اکیس برس کی عمر تک شاعری کروگے۔ اس کے بعد کسی لڑکی کی محبت میں گرفتار ہو جاؤ گے اور مزید شاعری کروگے۔ پھر تم اس لڑکی سے شادی کر لوگے اور پیسے کمانے کے لیے اخباری مضامین اور تبصرے لکھنا شروع کروگے۔ پھر تم ایک بچے کے باپ بن جاؤ گے اور پہلے سے زیادہ زور و شور سے ایسے مضامین اور تبصرے گھسیٹنے لگو گے۔ آخر جب میری عمر کو پہنچو گے تو سوچو گے کہ میں بھی کتنا مورکھ تھا۔ شاعری کو اتنی اہمیت دیتا رہا۔ اس لڑکی کا شوہر اور اس کے بچے کا باپ ہونے کے مقابلے میں چار سو سانیت کا مصنف ہونے کی کیا وقعت ہے۔۔۔

میں اپنا یہ مجموعہ زندگی کے اس موڑ پر پیش کر رہا ہوں جب کہ دل میں شاعری کرنے اور بھرپور شاعری کرنے کی ہوس جوان ہے لیکن تبصرے اور صحافتی مضامین بھی اپنا خراج وصول کر رہے ہیں۔ اوپر کی نقل ہم سب کا ساگا معلوم ہوتی ہے۔ اسے سن کر

دل بیٹھ جاتا ہے لیکن پھر یہ خیال کہ ممکن نہیں کہ سب کو ملے ایک سا جواب، سیر طور کی راہ بھی دکھاتا ہے۔''

مگر واقعہ یہ ہے کہ جے۔ سی۔ اسکوائر والی بات ابن انشا کے دل کا چور تھی اور ان پر صادق بھی آئی۔ ۱۹۶۰ء کے بعد اردو شاعری کے ایوان میں بڑی چہل پہل رہی۔ جدیدیت کے میلان نے ایک تناور درخت کی شکل اختیار کی۔ ہم سب اسی درخت کی چھاؤں میں بیٹھے اور خوب خوب دھومیں مچائیں۔ بحث مباحثے، مناظرے مجادلے، سمنار، دوستوں سے ملاقات کے بہانے اور دشمنوں کے وار سہنے کی عادتیں۔ غرض کہ ۱۹۶۰ء سے ۱۹۷۷ء تک کیا کچھ نہ ہوا۔ ناصر کاظمی کا چند سال پہلے بھری جوانی میں انتقال ہوگیا۔ ان کی یاد میں لاہور سے لے کر علی گڑھ تک میں جلسے ہوئے، تقریریں ہوئیں، مضامین لکھے گئے۔ ان زمینوں میں نوجوان شاعروں نے غزلیں لکھ کر خراج عقیدت پیش کیا۔ لاہور سے احمد مشتاق نے ''ہجر کی رات کا ستارا'' (۶) کے عنوان سے ناصر کاظمی کی شخصیت اور فن پر بڑے عمدہ مضامین شائع کیے لیکن ۱۹۷۸ء کے آغاز میں جب ابن انشا دماغی عارضے میں مبتلا ہو کر لندن کے ایک اسپتال میں اپنی جان جان آفرین کو سپرد کرتے ہیں تو کیا انگریزی اور کیا اردو سبھی اخباروں میں اردو کے ایک مزاح نگار کی موت کی مختصر سی خبر شائع (۷) ہوتی ہے۔ اکیاون سال کی عمر میں

وفات پانے والا البیلا شاعر چاند نگر جیسے مجموعے کا خالق ایک ''مزاح نگار'' کی صورت میں منوں مٹی کے نیچے دفن کر دیا جاتا ہے۔

تُفُو بر تو اے چرخِ گرداں تفو

ابن انشا پر لکھوں تو کیا لکھوں۔ شیر محمد خاں نام کا ایک شخص جو ۱۹۲۶ء میں جالندھر میں پیدا ہوا تھا۔ جو آزادی کے بعد پاکستان ہجرت کر گیا۔ جس نے اردو کالج کراچی سے اردو میں ایم۔ اے۔ کیا اور پی ایچ ڈی میں داخلہ لینے کے بعد اس لیے اس سے دست بردار ہو گیا کہ محقق اور اسکالر وغیرہ بننا اس کے مزاج کے منافی تھا۔ جس نے ایک خط میں مجھے لکھا تھا کہ :

''میں برنارڈ شا کا مرید ہوں جس نے لکھا تھا کہ ساری انسائیکلو پیڈیا لکھنے کی نسبت ایلس ان ونڈر لینڈ کا مصنف ہونا زیادہ پسند کروں گا۔''

یہ ابن انشا میرا بڑا جگری دوست تھا۔ میرا پیارا بھائی اور مجھ پر جان چھڑکنے والا۔ اس نے مجھے بڑی اپنائیت کے ساتھ خطوط لکھے اور ان خطوط میں اپنی شخصیت کو بارہا بے نقاب کیا۔ اپنی آرزوؤں اور تمناؤں کو عجیب عجیب پیرایے میں بیان کیا۔ آج ان خطوں کو پڑھتا ہوں تو خیال ہوتا ہے کہ وہ سچ مچ کا صوفی تھا جسے اپنے بارے میں کشف ہوتا تھا اور اس کے بیشتر قیاسات صحیح ثابت ہوئے۔ ایک خط میں لکھتا ہے :

''اپنا شعار کسی کا یہ قول ہے :

Live fast die young and

Leave a good looking crop behind''

ابن انشا سچ مچ جوان ہی مرا۔ اکیاون سال کی عمر بھی کوئی عمر ہوتی ہے مگر اس کی جواں مرگی پر آنسو بہانے والے کتنے؟

یہ سوچا تھا کہ اپنا مرثیہ بھی آپ لکھتے

ابن انشا کے جتنے بھی خطوط مجھے اپنے کاغذات کے انبار سے دستیاب ہو سکے انھیں اشاعت کے لیے دے رہا ہوں۔ یہ انتہائی نجی خطوط ہیں۔ بڑی بے تکلفی سے لکھے گئے ہیں مگر آج ان خطوط کی اہمیت یہ نہیں ہے کہ یہ خلیل الرحمٰن اعظمی کے نام ہیں۔ دراصل یہ ابن انشا کا سیلف پورٹریٹ ہیں۔ یہ آپ سب کی امانت ہیں۔ انھیں آپ کی خدمت میں پیش کرتے ہوئے اس کے سوا کیا کہوں کہ

پھر باتیں ایسی نہ سنیے گا

**

ماخذ: دوماہی 'الفاظ'، علی گڑھ

مئی جون، ۱۹۷۸ء

حواشی

(از محمد وارث)

(۱) اصل مضمون کی کتابت میں ''ڈھونڈھ ڈھونڈھ'' درج ہے۔

(۲) اصل مضمون کی کتابت میں ''شایع'' درج ہے۔

(۳) اقتباس از دیباچہ اصل نسخہ 'چاند نگر' طبع اول

(۴) اصل مضمون کی کتابت میں 'دھیلہ' درج ہے۔

(۵) اصل لفظ سمجھ نہیں آیا۔

(٦) اصل مضمون کی کتابت میں 'ستارہ' درج ہے۔

***

ابنِ انشا کے خطوط خلیل الرحمن اعظمی کے نام

۵/۵ جہانگیر روڈ، کراچی

۱۷ ستمبر ۱۹۵۵ء

برادرم اعظمی صاحب

آپ کا کرم نامہ ملا۔ آپ نے جو کچھ لکھا ہے اس کا مستحق تو میں نہیں لیکن آپ کے الفاظ سے بوئے وفا آتی ہے اس لئے قبول کر کے ممنون ہوں۔ علی گڑھ میں مجھے آپ ہم زبان نظر آئے تھے اور آپ کی تحریروں سے آپ کے مزاج کا اندازہ کیا تھا۔ خدا کا شکر ہے کہ اندازہ غلط نہ نکلا۔ امید ہے کہ آپ برابر خط لکھتے رہیں گے۔ آپ نے فکر و نظر میں جوش کے متعلق جو کچھ لکھا ہے اس سے بھی میں خوش ہوں۔ خطابیّت کے رجحان نے ہماری شاعری سے خلوص، تفکر اور گھلاوٹ چھین کر اسے بہت

Debase کیا ہے۔ پسند عام کی راہ سے ہٹ کر ریاضت کرنا اور نئی راہیں نکالنا۔۔۔۔۔ ہمارا آپ کا کام ہے۔ سفر ہے شرط مسافر نواز بہتیرے۔ میاں آزاد

تمھاری سینہ فگاری کوئی تو دیکھے گا

نہ دیکھے اب تو نہ دیکھے کبھی تو دیکھے گا

بعض موانع کی وجہ سے میں اس میں چند نظمیں شامل نہیں کر سکا۔ کوجے کی لڑائی سویرا میں اور شاہراہ میں چھپی تھی اور ''کوریا کی خبر'' میں نے کہیں بھیجی ہی نہیں۔ موقع ملا تو آپ کو دکھاؤں گا۔ ڈاکٹر محمد حسن صاحب سے مجھے ارادت ہے۔ وہ ہمارے Age Group کے آدمیوں کے لئے باعثِ افتخار ہیں۔ افسوس کہ آل انڈیا ریڈیو سے میں ان کا تبصرہ نہ سن سکا۔ میرے ریڈیو نے وقت پر غداری کی۔ اب میں آپ کو ایک نہیں دو دو تکلیفیں دوں گا۔ حسابِ دوستاں در دل، مجھے ان کے تبصرے کی نقل درکار ہے۔ مل سکے گی؟ دوسرے علی گڑھ میگزین کا حالیہ علی گڑھ نمبر چاہیئے۔ بہت شہرت سنی ہے لیکن یہاں بازار میں تو آتا نہیں کہ دیکھنے کو ملتا۔ بس۔ تیسری بات یہ فرمائیے کہ فکر و نظر کا دوسرا نمبر کب نکلے گا۔

آپ کے یہاں علی گڑھ میں اتنے اچھے لوگ جمع ہیں کہ آپ پر رشک آتا ہے۔ میری ریسرچ کی میعاد دسمبر میں ختم ہو رہی ہے لیکن رفتارِ کار تسلی بخش نہیں۔ مجھے

مصروفیتیں بہت رہتی ہیں۔ میرے نگراں مولوی عبدالحق صاحب ہیں۔ انہوں نے بہت ڈھیل دے رکھی ہے۔ آپ کی دلچسپی کے لئے لکھ رہا ہوں کہ میرے مقالے کا موضوع کیا ہے۔

Tradition of nazm (to the exclusion of ghazal) in Urdu poetry, a historical and critical survey from the earliest times to date.

بہت وسیع موضوع ہے اور میں محنت سے بھاگنے والا۔ ہر چہ بادا باد۔ لکچر رشپ ایک آدھ سال کر کے چھوڑ دی۔ اس میں پیسے بہت کم ملتے ہیں۔ بہت ہوا سب کچھ ملا کر ڈھائی سو ہو گئے، تین سو ہو گئے۔ اب بھی یہی ارادہ ہے کہ ذمہ داریوں کا بار ذرا ہلکا ہو تو کسی کالج میں چلا جاؤں۔ ممکن ہے ڈاکٹریٹ کے بعد (جو فی الحال ایک منزل موہوم ہے) کچھ اچھے پیسے مل جائیں لیکن کمپی ٹیشن پھر بھی بہت ہے۔ خیر دیدہ باید شد۔

ڈاکٹر محمد حسن صاحب سے میں نے درخواست کی ہے کہ وہ مجھے چاند نگر کے متعلق تفصیلی رائے لکھیں۔ انہوں نے وعدہ بھی کیا ہے۔ آپ اگر فکرو نظر میں یا ہندوستان کے کسی اور پرچے میں اس کے متعلق کچھ لکھ دیں (آپ نگار میں بھی تو اکثر لکھتے ہیں) تو بہت اچھا ہو۔۔۔۔ افسوس کہ ہندوستان میں یہاں کی کتابیں زیادہ نہیں جاتیں۔ علی

گڑھ، دلی اور لکھنؤ کے اچھے تاجرانِ کتب کو یہاں کے اچھے ناشرین کی کتابیں منگانی تو چاہئیں۔ چاند نگر تو کہاں پہنچی ہو گی۔

اب رخصت۔ محمد حسن صاحب کو میرا اسلام کہئے اور میری فرمائش یاد رکھئے۔ ممنون ہوں گا۔

آپ کا

ابن انشا

**

کراچی

۱۴ جنوری ۵۶

برادرم اعظمی صاحب، آداب

آپ کا ۵ جنوری کا لکھا خط کل ملا۔ ادھر میرا خط آپ کو مل گیا ہو گا۔ آپ کی بیماری کا جان کر بہت افسوس ہوا۔ اب آپ اپنے کو کچھ دن محنت اور مطالعے سے دور رکھیئے۔ اس میں دماغ اور اعصاب کی سکت جاتی رہتی ہے۔ دوسرے خط میں یہ سننے کا متمنی ہوں کہ آپ بالکل چاق وچوبند ہیں۔

اختر انصاری آپ کا مضمون چھاپتے ہیں تو یہ بڑی ہی شرافت ہوگی۔ بھائی میں تو اس قدر دانی پر شرمندہ ہوں۔ شاہد مہدی صاحب اور کنور صاحب* میرے لئے نادیدہ ہیں لیکن اجنبی نہیں۔ ذہنی طور پر اس لئے نہیں کہ مجھ میں کون سی بات ہے جو چاند نگر میں نہیں آ گئی۔ دوسرے چوپال کی ایک ہی صحبت حجاب دور کرنے کے لئے کافی ہوتی ہے۔ معلوم ہوتا ہے کہ آپ نے وہ پرچہ بند کر دیا۔ میں دور دوسرے ملک میں بیٹھا ہوں ورنہ اس کی مالی ذمہ داریوں میں شریک ہوتے اور سب مل کر اس کو گھاٹے پر چلاتے۔

جھوٹے سکوں میں بھی اٹھا دیتے ہیں یہ اکثر سچا مال
شکلیں دیکھ کے سودے کرنا کام ہے ان بنجاروں کا

بت پرستی کا خیال ترک کر دیجیئے۔ خدا نے چاہا تو سیدھے سیدھے ملاقات ہو جائے گی۔ تصویر نہ صرف یہ کہ میں چھپواتا نہیں کھنچواتا بھی نہیں ہوں۔ میرے پاس ایک بھی فوٹو ہوتا تو ضرور آپ کو بھیجتا۔ برگ گل کا پہلا پرچہ آپ نے دیکھا ہے ؟ پہلے کور والا۔ اس میں ایک گروپ فوٹو ادارے کا چھپا تھا۔ اس میں میں ضرور ہوں لیکن بھائی مری تصویر بہتر ہے کا معاملہ وہاں بھی ہے۔

---

*کنور اخلاق محمد خاں شہریار

آج کل پریشانی میں مبتلا ہوں۔ اس کی تفصیل لکھنے سے بچتا ہوں۔ بہت دن سے کچھ نہیں لکھا۔ مجموعہ آنے کے بعد ایک نظم نقوش میں آئی تھی ''ست کئے دکھ ہوئے'' اور ایک افکار میں ''کاسا بلنکا''۔ بستہ باندھ کے ایک طرف رکھ چھوڑا ہے۔ ہفتے عشرے بعد شاید کھولوں۔ اب تو آپ کا کاغذی پیرہن آجائے۔

مہدی صاحب اور کنور صاحب سے سلام کہیئے۔ مہدی صاحب کے تو ایک لطف نامے کا جواب بھی مجھ پر واجب ہے۔ اچھا خدا حافظ۔ اب اور بھی کام دیکھیں بھالیں۔ خط جلد لکھئے گا۔

آپ کا

ابن انشا

۱۸اپریل ۱۹۵۶

بھائی اعظمی، آداب

جس روز آپ کا تمغۂ جمیل کاغذی پیرہن پہنچا ہے اس روز میں نیم علیل چھٹی لے کر گھر پر لیٹا ہوا تھا۔ سارا دن اسے پڑھتا رہا اور لطف لیتا رہا۔ ارادہ یہ تھا کہ ابھی اٹھوں گا اور آپ کو اس کے متعلق خط لکھوں گا لیکن ایسا نہ ہوا۔۔۔۔۔۔۔ اور بات ایک مرتبہ

ٹل جائے تو بہت دن لیتی ہے۔ جمیل جالبی کو کتاب پہنچا دی تھی لیکن آج اتوار کے روز آپ کو خط لکھنے کے موڈ میں کتاب کی دوبارہ تلاش کرتا ہوں تو نہیں ملتی۔ یہیں بیٹھک میں رکھی تھی۔ جو آتا تھا دیکھتا تھا۔ میرا خیال ہے ممتاز حسین لے گئے۔ وہ کچھ مضامین لکھ رہے تھے اور شاعری کے مجموعے لینے میرے پاس آئے تھے۔ میرا خیال ہے میں نے انھیں دے دی۔ وہ تو واپس کردیں گے لیکن اگر کسی اور کے پاس ہے تو واپسی میں شبہ ہے اور یہ بھی ممکن ہے کہ دوسرے کمرے میں کہیں دبی پڑی ہو یا پاس پڑوس کے کسی گھر میں گئی ہو۔ بہر حال اب اس کو ڈھونڈوں تو مطلب یہ کہ خط نہ لکھوں اور پھر وہی چکر چلے۔ آج کل کام بہت ہے۔ رات کو آٹھ بجے دفتر سے آتا ہوں اور وہاں سوائے دفتر کے کام کے کچھ نہیں ہوتا۔ خیر آپ باقاعدگی سے یاد کرلیا کریں تو میں بھی خیال سے غافل رہنے والا نہیں ہوں۔

کاغذی پیرہن ایک سچے شاعر کا مجموعۂ جذبات ہے۔ میں نے دانستہ مجموعۂ افکار کی بجائے مجموعۂ جذبات کا لفظ لکھا ہے اور خود اپنے مجموعے کو میں یہی نام دینا پسند کروں گا لیکن آپ کے ہاں تو جذبے مجھ سے کہیں زیادہ شدید ہیں۔ آپ میں مجھ کو اپنی بھٹکی ہوئی روح ملتی ہے اس لئے ان نظموں میں اور زیادہ اپنائیت کا احساس پیدا ہوتا ہے۔ اس وقت تفصیل تو کیا دے سکتا ہوں مجموعہ سامنے نہیں لیکن آپ کے مختصر اور

حسین پیش لفظ سے لے کر (جس کے سامنے میرا مقدمہ بے کار ہے) آخر تک دل کے مسوسنے کے کئی مقام آتے ہیں۔

ہم نے اس عشق میں کیا کھویا ہے کیا پایا ہے
جز ترے غیر کو سمجھاؤں تو سمجھا نہ سکوں

میں اس کے متعلق آپ کو بھی لکھوں گا اور کسی پرچے میں لکھنے یا لکھوانے کی کوشش کروں گا۔ ایک دوست کی کتاب کے طور پر نہیں بلکہ ایک ایسے مجموعے کے طور پر جس میں اس دور کی روح جھلکتی ہے۔ لیکن یہ بازیاب تو ہولے۔ ریویو کے لئے ایک کتاب ماہنامہ مہر نیم روز کو بھی بھیجیئے جس کے ایڈیٹر ابوالخیر کشفی ہیں۔ پتہ ہے ہاؤسنگ یونین ایریا، کراچی۔

میرے بھائی آپ نے آل احمد سرور کے تبصرے کا ذکر تو کر دیا لیکن اردو ادب تو یہاں کبھی بھی نہیں آتا۔ آپ کو دو باتوں میں سے ایک کرنی ہوگی اور ضرور کرنی ہو گی۔۔۔۔۔۔ یا تو اردو ادب کا پرچہ خرید کر بھجوا دیجیئے۔۔۔۔۔۔ یا اپنے پرچے میں سے کٹنگ بھیج دیجیئے۔۔۔۔۔۔ یا اس کو نقل کرا دیجیئے یا کر دیجیئے لیکن اس تبصرے کا مجھ تک پہنچنا ضروری ہے۔

باقی کیا لکھوں۔ کنور صاحب کو سلام۔ ان کی غزل میں نے غالباً شاہراہ میں دیکھی تھی۔ بہت اچھی تھی۔ زبان بھی ہمارے مطلب کی تھی۔ شاہد مہدی صاحب چپ ہی سادھ گئے۔ وہ کیا کرتے ہیں ؟ اور چوپال کیا چوپٹ ہو گیا؟ بڑا افسوس ہے۔ میں یہاں سرکاری ملازمت میں ہوں ورنہ آپ کی اس یادگار کو یہاں سے نکالتا اور وہ کامیاب رہتی۔

اس امید میں خط بند کرتا ہوں کہ آپ جلد جواب لکھیں گے۔

ابن انشا

**

کراچی

۱۲ اگست ۵۶ء

جانِ عزیز، آدابِ محبت،

اپنی غفلت پر شرمندہ ہوں۔ آپ کو خط لکھنے کی کئی بار کوشش کی لیکن وہ عمل تک نہ پہنچی۔ کتاب آپ کی دو تین بار بڑھ چکا ہوں اور لطف لے چکا ہوں۔ میرے چھوٹے بھائی محمود ریاض نے پچھلے دنوں ایک ناول ''رحیلہ'' لکھا ہے۔ اس کی ابتدا اس نے آپ کے اشعار سے کی ہے۔

جب بھی گیت سنتا ہوں

شام کی ہواؤں کے

اسے وہ بہت پسند آئی ہے۔ اس نے سارا مجموعہ پڑھا ہے۔ اس سے پہلے وہ عموماً میرے شعر دیتا تھا۔ بھائی ہونے کے ناطے سے نہیں بلکہ اس کی سمجھ میں وہی آتے تھے۔ اس معاملے میں آپ میرے رقیب ہو گئے۔

رحیلہ کوئی ایسا اچھا ناول نہیں ورنہ آپ کو بھجواتا۔ وہ مقبول قسم کا ناول لکھتا ہے اور ایک سال میں چار پانچ لکھ چکا ہے۔۔۔۔۔۔۔ بازار کی حد تک کامیاب رہے ہیں۔

شعور میں آپ کا مضمون دیکھا۔ آپ کی تعریف کروں گا تو میری اپنی تعریف ہو جائے گی لہذا حسابِ دوستاں در دل۔ اس سے مجھے ایک گھاٹا رہا، میں آپ کے مجموعے پر نہیں لکھ سکتا۔ لوگ ستائشِ باہمی کا طعنہ دیں گے اور یہ طعنہ بچنے کی چیز ہے۔

مہرِ نیم روز میں تو آئے گا ہی، تخلیق میں خلیق ابراہیم خلیق سے لکھوا رہا ہوں۔ کیا تجنیسِ خطی پیدا ہوئی ہے۔

باقی سب خیریت ہے۔ ایک پرچہ نکالا ہے۔ نکالا کیا ہے نوکری کا بہانہ ہے۔ میں اس محکمے میں ریسرچ افسر ہوں اور ایڈیٹر بھی۔ اردو، بنگالی اور انگریزی تین پرچوں کا۔ اردو پرچہ محض دوستانہ ملاحظہ کے لئے پوسٹ کرا رہا ہوں۔

اور بھائی وہ اردو ادب مل گیا تھا اس کا بہت شکریہ۔

لواب خط لکھو اور باز گو از نجد و از یارانِ نجد۔

ابن انشا

**

۵۷/۱/۲۲

جانِ من، رات کے ساڑھے نو بج رہے ہیں۔ بس یہ پیار کا خط اس اداس رنگ کاغذ پر تمھارے نام اپنے بستر میں بیٹھا لکھ رہا ہوں۔ جس روز تمھارا خط آیا ہے (اور اس میں کم نویسی کا شکوہ تھا) میں نے اسی روز ایر میل کا لفافہ منگا لیا تھا۔ خیال تھا بس بیٹھوں گا اور لمبا چوڑا جواب لکھوں گا، مگر تم جانو ہم اور ہمارے کام۔۔۔۔۔۔۔ آج شام گھر آ کر حسبِ معمول پوچھا کہ کوئی ڈاک تو نہیں۔ بھائی نے جواب دیا قومی زبان کا پرچہ آیا تھا۔ قومی زبان کا پہنچنا تم جانتے ہو کچھ ایسا اشتیاق افزا نہیں۔ بلکہ تمھارے ہماری زبان کے سامنے رکھنے سے معلوم ہوتا ہے کہ کسی زندہ ادارے کا آرگن ہے اور وہ کسی خانقاہ کا ترجمان۔ اب بات اپنی ڈگر سے ہٹی ہے تو ذرا تفصیل سے سن لو لیکن یہ سمجھ لو کہ بات زیادہ عام ہوئی یا اس کا کوئی حصہ تم نے اخبار میں چھاپ دیا یا ادھر کسی نے خط لکھ دیا تو اچھا نہ ہوگا۔ مولوی عبدالحق واقعی بابائے اردو ہیں اور کسی بھی ملک یا

قوم کے لئے سرمایہ نازش ہو سکتے ہیں لیکن یہاں پاکستان میں آنے کے بعد ان کی ساری امیدوں کے محل مسمار ہو چکے ہیں۔ وہ قائد اعظم کی ایک بات پر تکیہ کر کے کہ اردو اس ملک کی قومی زبان ہو گی یہاں آ گئے تھے۔ حالانکہ وہ بات شرمندہ عمل ہو جاتی تب بھی مولوی صاحب کو کام کے لئے ہندوستان ہی میں رہنا چاہیئے تھا۔۔۔ ۔۔ لیکن اس بحث کو چھوڑو۔ یہاں ان کے رفقائے کار ہاشمی صاحب اور قاضی اختر میاں مرحوم تھے۔ دونوں بزرگ علمیت میں مانے ہوئے ہیں لیکن حقیقت یہ ہے کہ ہر دل عزیزی کسی کی قسمت میں نہ تھی۔ پھر آپس میں بھی ٹھنتی رہی۔ ہاشمی صاحب کامیاب ہوئے۔ قاضی اختر میاں سندھ یونیورسٹی میں ایک خدمت پر جانے پر مجبور ہوئے (یہ ان کے حق میں اچھا ہوا تھا) لیکن ہاشمی صاحب بھی زیادہ دن نہ ٹک سکے۔ تمنائی صاحب مولوی صاحب کے پرانے نیازمندوں میں تھے۔ یہاں انجمن کے پریس کے منیجر بنائے گئے۔ اردو کالج کے پرنسپل میجر آفتاب حسن تھے (اور ہیں)۔ اس دوران میں عین الدین رضوی نام کے ایک نوجوان جو مولوی صاحب کے منظور نظر ہیں انجمن میں آ گئے۔ ان کا کام زیادہ تر مولوی صاحب کی ذاتی خدمت تھا اور واقعی مولوی صاحب کو اس عمر میں دیکھ ریکھ کرنے والے ایک آدمی کی ضرورت ہے۔۔ ۔۔۔ یہاں سے فتنہ و فساد کا آغاز ہوا۔ وہ مولوی صاحب کی رائے بناتے اور

بگاڑتے ہیں۔ ہاشمی صاحب اور دوسرے بزرگوں نے خطرے کا الارم سن کر ان کو راہ سے ہٹانے کی کوشش کی لیکن کامیاب نہ ہوئے۔ پہلے ہاشمی صاحب معتوب ہو کر انجمن اور کراچی سے گئے، پھر تمنائی صاحب کو انجمن نکالا ملا۔ (بعض مالی معاملوں میں ان کی شہرت خراب ہوئی۔ میرے ذاتی طور پر گہرے دوست ہیں لیکن میں کسی الزام کی تردید نہیں کرتا) پریس کی منیجری پر حامد علی ندوی صاحب فائز ہوئے جو عین الدین رضوی صاحب کے بہنوئی ہیں (اسے محض حسن اتفاق سمجھا جائے) آخری معرکہ جو پڑا۔۔۔۔۔ اور ابھی کسی نتیجے کا ممنون نہیں ہوا۔۔۔۔۔۔۔۔ مولوی صاحب (آپ کی طبیعت میں شک ہے تو طوطی پس آئینہ عین الدین سلمہ کو سمجھ لیجئے) اور پرنسپل آفتاب حسن کے درمیان ہے۔ انجمن کے نظام میں سخت تناتنی اور ٹھنا ٹھنی رہتی ہے۔ اگر محاورے کا یہ استعمال غلط نہیں تو سمجھ لیجئے کہ انجمن کا پردہ خراب ہو رہا ہے۔ آفتاب حسن صاحب بڑے زوروں کے آدمی ہیں۔ یونیورسٹی میں ان کی چلتی ہے۔ باہر بھی وہ لوگوں کو ساتھ ملائے ہوئے ہیں۔ مولوی صاحب کا اس وقت کوئی دوست نہیں۔ یہ پیر فرتوت اب بھی بیٹھ کر آٹھ دس گھنٹے اپنی بساط سے زیادہ کام کرتا ہے لیکن بھائی ذاتی کام سے زیادہ ان کے کرنے کے کام قومی اور مجلسی ہیں۔ ایک بھی ڈھنگ کا رفیق انہیں میسر نہیں۔ علمی اور ادبی لحاظ سے انجمن سے عبارت محض

ان کی ذات ہے۔ بھائی خلیل الرحمن اعظمی یہ بہت بڑی ٹریجڈی ہے۔ مولوی صاحب کی طبیعت انسانی کوتاہیوں سے خالی نہیں۔ کاش وہ اپنی آنکھوں دیکھتے رہتے کانوں سب کچھ سنتے لیکن اس کاش سے کیا ہوتا ہے۔ میں سوچتا ہوں سر سید کے آخری ایام کی تاریخ دہرائی جا رہی ہے۔ لوگ کہتے ہیں اب خدا ان کے پردے رکھ لے لیکن میں کہتا ہوں نہیں ان کا دم غنیمت ہے۔ اب اس قوم کو، اس ملک کو جیسے کوئی گاندھی نہیں مل سکتا اسی طرح عبدالحق بھی نہیں مل سکتا۔

مولوی صاحب سے میرا تعلق ۱۹۵۲ء سے ہے۔ اس سال میں نے اردو کالج سے ایم۔ اے پاس کیا۔ امتحانوں سے فارغ ہو کر میں نے ایک سلسلہ مضامین ڈان میں لکھا Living Writers of Urdu یہ سلسلہ بہت دنوں جاری رہا۔ پہلا مضمون قدرتاً مولوی صاحب پر تھا۔ یہ مضمون رسمی نہیں تھا کچھ عجیب سا مسخرہ پن لئے تھا۔ بہر حال مولوی صاحب کو وہ بہت پسند آیا اور انہوں نے مجھے ایک خط لکھا۔ میری زبان و بیان کی تعریف کی ملنے کی خواہش ظاہر کی۔ میں بد قسمت ان کے پیار سے محروم تھا۔۔۔۔۔۔ بہر حال گیا اور انہوں نے حد سے زیادہ توجہ اور عنایت سے نوازا اور برابر آنے کو کہا۔ میری پوزیشن یونیورسٹی میں پہلی تھی۔ ڈاکٹریٹ میں داخلہ لیا تو مولوی صاحب میرے ڈائرکٹر ہوئے۔ اتوار کی اتوار ان سے گپ ہونے لگی۔ باہر

آنے جانے میں بھی مجھے ساتھ لیتے۔ ہم سینما بھی ساتھ دیکھتے اور وقتِ پیری شباب کی باتیں بھی کرتے۔ ان سے اس قسم کی دوستی کا سلسلہ اب تک ہے۔۔۔۔۔۔۔۔

دو سال ادھر مولوی صاحب کی ڈاک کا کام بھی میں نے کرنا شروع کیا۔ جب فرصت تھی تو ڈھنگ سے لکھتا بھی تھا، اب فرسودہ اور بے جان ہے کیوں کہ وضع داری سے لکھتا ہوں۔ مولوی صاحب کے ہاں جانا بھی ہفتے سے پندرہ روز کا کام ہوا، جب سے اس نوکری میں آیا ہوں وقفے اور طویل ہو گئے ہیں۔ وہ براہِ عنایت بلا بھیجتے ہیں۔ لوگوں سے شکایت کرتے ہیں، مجھ پر خفا ہوتے ہیں کہ کیوں نہیں آتا۔ میں ایسی مکروہات میں گرفتار ہوں کہ عذر کرتا ہوں، پھر گناہ کرتا ہوں۔

افسوس کہ یہ پانچ صفحے جو ہماری باہمی محبت کے حصے کے تھے اس فضول قصے میں نکل گئے۔ خیر۔۔۔۔۔۔ ریاض نے بتایا کہ قومی زبان نکل رہا ہے۔ میں غافل رہا۔ تھوڑی دیر ہوئی ہماری زبان نظر آیا۔ میں نے اٹھایا تو تازہ پرچہ تھا۔ اس میں تمھارے شذرے اور ریویو پڑھے۔ اس میں خواجہ احمد فاروقی کا خط (اس کی سادگی) بھی پسند آیا۔ تمھیں ایک بات بھی لکھنی تھی اور وہ یہ کہ تم اپنے خلوص کی وجہ سے ان گنجے فرشتوں پر۔۔۔۔۔۔ جو تنقید کے میدان کے لندھور بن سعدان ہیں ہر لحاظ سے فائق ہو۔ ہر زمانہ اپنے شاعر اور تنقید نگار خود پیدا کرتا ہے۔ تم اس زمانے کے شاعر بھی ہو (اور

میں تم پر فخر کر سکتا ہوں) اور تنقید نگار بھی (یہاں صرف رشک ہے)۔ تم بڑے آدمی بننے والے ہو۔ لکھتے رہو، پڑھتے رہو۔ سوچتے رہو اور لکھتے رہو۔ لیکن دیکھنا اپنا قلم کسی کے ہاتھ بیچنا نہیں۔ تم میں ایک بڑی خوبی تمھاری سیر چشمی ہے۔ اپنے ہم عصروں کے متعلق (میں تو خیر اس سے زیادہ تمھارا دوست بھی ہوں) تمھارا محبت اور اپنایت کا رویہ مجھے بہت پسند ہے۔ جانِ من تم بہت پیارے آدمی ہو۔

میرا حال سنو۔ ہر دو جہاں کا دھتکارا ہوا نکما آدمی ہوں۔ دوست کوئی نہیں کہ چاند کے تمنائی والی راتوں میں ابتدائے سرما کی چاندنی میں اس لاکھوں کے شہر کی گلیوں میں ساتھ گھوم سکے۔ تمھیں اپنی نامرادی (جذباتی) کا قصہ سنانے کو جی چاہا۔ پھر یاد آیا۔۔ ۔۔۔ آہ نہ کر لبوں کو سی۔۔۔۔ عشق ہے دل لگی نہیں۔ سو میرے پیارے۔۔ ۔۔۔۔ اب کے بھی تم میرا حال پوچھنے کے جتن نہ کرنا۔ ۱۰ ستمبر کی رات جب روح کا دیپ بجھ رہا تھا۔ آخری شعر یہ کہے تھے۔

اب ہم کو اجازت کہ ہوا وقت ہمارا
محفل سے کریں اہلِ محبت تو کنارا
اس گھر کے الٰہی در و دیوار سلامت

اس گھر میں کیا تیس برس ہم نے گزارا
انشا کو مری جان بہت یاد کرو گی
جاتا ہے فقط دل پہ لئے داغ تمھارا

کہے نہیں تھے۔ وفورِ جذبات میں بے اختیار زبان پر آ گئے تھے۔
اس قصے پر خاک۔ ایک دو نظمیں سنو۔

ایک دل آشوب

یوں کہنے کو راہیں ملک وفا کی اجال گیا
اک دھند ملی جس راہ میں پیکِ خیال گیا
پھر چاند ہمیں اسی رات کی گود میں ڈال گیا
ہم شہر میں ٹھہریں ایسا تو جی کا روگ نہیں
اور بن بھی ہیں سونے، ان میں بھی ہم سے لوگ نہیں
اور کوچے کو تیرے، لوٹنے کا تو سوال گیا
ترے لطف و عطا کی دھوم سہی محفل محفل

اک شخص تھا انشا نام محبت میں کامل

یہ شخص یہاں پامال رہا، پامال گیا

ترے درد نے چھوڑا زار و نزار و خراب اسے

پر عشق و وفا کے یاد رہے آداب اسے

ترا نام و مقام جو پوچھا ہنس کر ٹال گیا

اک سال گیا، اک سال نیا ہے آنے کو

پر وقت کی بھی اب ہوش نہیں دیوانے کو

دل ہاتھ سے اس کے وحشی ہرن کی مثال گیا

اب محفلیں، کوچے، منزلیں راہیں سونی ہیں

اور دوستوں کی مانوس نگاہیں سونی ہیں

پر تو جو گیا ہر بات کا جی سے ملال گیا

ہم اہلِ وفا رنجور سہی، مجبور نہیں

اور شہرِ وفا سے دشتِ جنوں کچھ دور نہیں

ہم خوش نہ سہی پر تیرے تو سر کا وبال گیا

(دیکھیں تم کب خط لکھتے ہو)

یہ باتیں جھوٹی باتیں ہیں

یہ باتیں جھوٹی باتیں ہیں، یہ لوگوں نے پھیلائی ہیں
تم انشا جی کا نام نہ لو، کیا انشا جی سودائی ہیں
ہیں لاکھوں روگ زمانے میں، کیوں عشق ہے رسوا بیچارا
ہیں اور بھی وجہیں وحشت کی، انسان کو رکھتیں دکھیارا
ہاں بے کل بے کل رہتا ہے، ہر پیت میں جس نے جی ہارا
پر شام سے لے کر صبح تلک، یوں کون پھرے گا آوارا
یہ باتیں جھوٹی باتیں ہیں، یہ لوگوں نے پھیلائی ہیں
تم انشا جی کا نام نہ لو، کیا انشا جی سودائی ہیں؟

(لوگ آکر کہتے ہیں کہ انشا کا یہ حال عشق کی وجہ سے ہے۔ جیسے عشق کے علاوہ اور کوئی روگ وجہ آوارگی نہیں ہو سکتا۔)

یہ باتیں عجیب سناتے ہو وہ جینے سے بے آس ہوئے
اک نام سنا اور غش کھایا، اک ذکر پہ آپ اداس ہوئے

وہ علم میں افلاطون سنو، وہ شعر میں تلسی داس ہوئے

وہ کالج والج چھوڑ چکے، وہ بی اے، ایم اے پاس ہوئے

یہ باتیں جھوٹی باتیں ہیں، یہ لوگوں نے پھیلائی ہیں

تم انشا جی کا نام نہ لو، کیا انشا جی سودائی ہیں ؟

(پھر انشا جیسے پڑھے لکھے بہلول دانا پر ایسی وارستگی کی تہمت)

گر عشق کیا ہے تب کیا ہے، کیوں شاد نہیں، آباد نہیں

جو جان لئے بن ٹل نہ سکے، یہ ایسی تو افتاد نہیں

کیا ہجر کا دارو عنقا ہے ؟ کیا وصل کے نسخے یاد نہیں ؟

یہ بات تو تم بھی مانو گے، وہ قیس نہیں فرہاد نہیں

یہ باتیں۔ ۔ ۔ ۔ ۔ ۔

(خیر اگر یہ سچ بھی ہے ?then what)

وہ لڑکی اچھی لڑکی ہے، تم نام نہ لو ہم جان گئے

وہ جس کے لانبے گیسو ہیں، پہچان گئے پہچان گئے

ہاں ساتھ ہمارے انشا بھی، اس گھر میں تھے مہمان گئے

پر اس سے تو کچھ بات نہ کی، انجان رہے انجان گئے

یہ باتیں۔۔۔۔۔۔۔

تم انشا جی کا نام نہ لو۔۔۔

(ارے یہ بات ہے لیکن بھائی اس لڑکی کے پیچھے یہ وحشت؟ بات جچتی نہیں)

جو ہم سے کہو ہم کرتے ہیں، کیا انشا کو سمجھانا ہے؟

اس لڑکی سے بھی کہہ لیں گے، گو اب کچھ اور زمانہ ہے

یا چھوڑیں یا تکمیل کریں، یہ عشق ہے یا افسانا ہے

یہ کیسا گورکھ دھندا ہے، یہ کیسا تانا بانا ہے

یہ باتیں کیسی باتیں ہیں، جو لوگوں نے پھیلائی ہیں

تم انشا جی کا نام نہ لو، کیا انشا جی سودائی ہیں؟

(پھر بھی تمھاری اور اپنے دوست انشا کی خاطر ہم کشادگی ہر کوشش کے لئے تیار ہیں

؟ لیکن ایسی انہونی بات جی مانتا اب بھی نہیں)

بندو خان، وہ یگانہ روزگار سارنگی نواز منع کرنے کے باوجود اپنی پھٹی آواز میں کچھ نہ کچھ بیچ بیچ میں کہے جاتا تھا۔ میں نے حاشیے کچھ اسی طرح لکھے ہیں۔

بھائی اعظمی اب تک ہوئے چاند نگر اور الڈوریڈو کی تلاش میں اس نائٹ کی طرح سرگرداں ہوں۔ اب کوئی کتاب پڑھوں گا۔ سوؤں گا ڈیڑھ بجے۔ ہائے ہائے ہائے۔ اچھا میاں سستا لے۔ یہ میں تم سے نہیں دل سے کہہ رہا ہوں۔ سستا لے، اور سستا لے۔ وہ شخص چند روز اور ہے۔ پھر تو اس کا چہرہ نہ دیکھے گا۔ اس کی کھنکتی آواز بھی نہ سنے گا۔ بارِالٰہا تو نے میری چیز دوسرے کو دے دی۔ تو نے دیکھی ہے وہ پیشانی، وہ رخسار، وہ ہونٹ۔

زندگی جس کے تصور میں لٹا دی ہم نے

یہ بات نہ اعظمی سے ہے نہ دل سے نہ اپنے آپ سے۔ اس سے آگے کچھ کہنا لکھنا غلط۔

ابن انشا

**

۔ کراچی

۲۳اپریل ۱۹۵۷ء

جانِ من، آداب

آپ کا ہماری زبان دیکھا۔ بھائی لوگوں نے تمھاری جوگت بنانے کی کوشش کی ہے اسے بھی دیکھا۔ بھائی تم دیوانگی ہمیشہ کروگے تو لوگ اینٹ تو ماریں گے۔ اپنے ایک دوست کا شعر سن لو۔

کیا ہوا خشت اٹھا دے ماری، یا سرِ دامن نوچ لیا
تم تو دوانے اس کے بہانے ہو چلیے برہم لوگوں سے

ہاں ہماری زبان کے کرتا دھرتا لوگوں کی مصلحت اندیشی ''صلح کلیت'' کے پردے میں تم پر تحدیدیں عاید کرنا چاہے تو دوسری بات ہے۔ نتیجہ یہ ہوگا کہ پرچہ پھر زندہ اور فعال آرگن ہونے کی بجائے ایک رسمی خبر نامہ رہ جائے گا۔ اس ہفتے سے اس میں بھرتی کا احساس ہونے لگا ہے۔ خیر چلو تمھارا قلم سلامت رہے، ملکِ خدا تنگ نیست۔

اردو اکیڈمی سندھ یہاں کا مشہور ادبی ادارہ ہے۔ اس کے مالک علاء الدین خالد میرے دوست ہیں، گہرے دوست۔ دہلی کا حالی بک ڈپو انھیں کا تھا۔ شاہراہ بھی انھیں نے جاری کیا تھا۔ بہرحال یہ تو بسبیلِ تعارف ہے۔ پاکستان کے یہ چند بزرگ ترین

پبلشروں میں سے ہیں۔ ابھی دو منٹ پہلے مجھ سے بات کر رہے تھے کہ انتخاب چھاپنے ہیں۔ آتش کے لئے نہ معلوم ان کے ذہن میں کون سے نام تھے۔ میں نے تمھارا نام لیا اور بتایا کہ اعظمی نے اس خصوص میں کام کیا ہے اور اس کے ذوق کا میں ذمہ دار ہوں تو انھوں نے فوراً کاغذ قلم دے کر کہا کہ ابھی خط لکھو۔ مجھے خیال ہے کہ تم نے آتش کا انتخاب کیا ہے، اسے فوراً بھیج دو۔ رائلٹی جو تمھارا حق ہے تمھیں ہندوستان میں بیٹھے بٹھائے مل جائے گی۔ مجھ پر انہوں نے میر کے انتخاب کا بار ڈالا تھا۔ دو سال سے اعلان بھی کر رکھا ہے لیکن میں جانتا ہوں کہ میں اس کا اہل نہیں۔ یہ کام بھی تم کرتے ہو؟ ہم ایک جگہ ہوتے تو مل کر کرتے، اب یہ ممکن نہیں۔ میر کو ہاتھ ڈالتے ڈر معلوم ہوتا ہے۔ اس وقت فوری مسئلہ آتش کا ہے۔ فوراً خط لکھو۔ وہ ہمارے دوست ہونے کے ناطے تمھارے بھی دوست ہوئے۔ اس لئے چاہو تو علاء الدین خالد اردو اکیڈمی سندھ کراچی کے پتے پر براہ راست بھی خط لکھ سکتے ہو۔ تمھاری فکر و فن مجھے نہیں ملی بھیجو۔

اور کیا لکھوں۔ میں عجیب افسردگی اور بیچارگی کے عالم میں ہوں۔ اس افسردگی، آزردگی اور بیچارگی کی داستان سنانے کا ابھی وقت نہیں آیا۔ آنے والا ہے۔ بس تم دوست رہو۔ دوستی نبھائے جاؤ۔ پھل پاؤ گے۔

تمھارا اپنا

ابنِ انشا

**

کراچی

۵ ستمبر ۱۹۵۷ء

پیارے خلیل،

فرصت کی تلاش میں رہا تو تمھیں خط کبھی نہ لکھ پاؤں گا۔ علی الصبح کاروبارِ زندگی شروع کرنے سے پہلے یہ چند لفظ یا لفظیں تمھیں لکھ رہا ہوں۔ تمھاری یاد اکثر نہیں ہر روز آتی ہے۔ تم یہاں ہوتے تو ہم دونوں مل کر بہت کام کرتے۔ ایک سا سوچنے سمجھنے والے دوست کہاں ملتے ہیں۔ پچھلے دنوں غالباً شاہد مہدی کا لکھا ہوا تمھارا اسکیچ مقامی پرچے تجلی میں پڑھا۔ (انھوں نے علی گڑھ کی سبھی شخصیتوں پر لکھا ہے) مزا آگیا۔ تمھارے انشا کا ہنجار بھی کچھ ایسا ہی ہے۔ اوقات بھی چنداں مختلف نہیں۔ کالج اور

یونیورسٹی کی زندگی چھٹ جانے کا البتہ افسوس ہے اور سینہ چاکوں سے جاملنے کا مستقبل قریب میں کوئی امکان نظر نہیں آتا۔

میں تمھیں کیا لکھوں۔ کیا ارمغاں بھیجوں۔ تم پاکستان نہیں آسکتے؟ تمھاری کتاب کے سلسلے میں پبلشر سے میں نے بات کی تھی۔ اس بھلے مانس نے تمھارا خط لے کر رکھ لیا کہ آج ہی جواب دوں گا۔ اس بات کو اب کئی دن ہوئے ہیں۔ نہ جانے جواب دیا ہے یا نہیں دیا ہے۔ تم یہ نہیں کرتے کہ مقدمے کی (اگر لکھا ہے) ایک نقل مجھے بھجوا دو تاکہ فائنل گفتگو میں آسانی رہے اور مجھے عندیہ بھی بتا دو کہ کتنے پیسوں تک بات کر لینی چاہیے۔ ہندوستان میں ادائیگی کا مسئلہ اتنا سیدھا نہیں لیکن ممکن ہے۔ یوں کرو ذرا علاء الدین خالد اردو اکیڈمی سندھ، مولوی مسافر خانہ کراچی کے پتے پر ایک خط میرے حوالے سے لکھ دو۔ یہ بات جلد ہو جانی چاہیئے۔

میں نے ایک زمانے میں نہایت محنت اور دلسوزی سے چینی نظمیں ترجمہ کی تھیں۔ پوری کتاب ہو گئی تھی جس کا مسودہ پانچ چھ سال سے لاہور کے ایک پبلشر کے پاس ہے۔ وہی پبلشر جو ناصر کی ''برگِ نے'' کا ناشر ہے۔ مجھے اس تعویق سے بہت کوفت ہوتی ہے۔ نظمیں بہت میٹھی ہیں تمھیں بھیجوں گا۔

فکر و فن ایک دوست لے گئے تھے۔ مل گئی ہے۔ میں نے بمجرد موصول ہونے کے پڑھ لی تھی اور مجھے بہت پسند آئی۔ اور ہاں شہاب جعفری صاحب کا ایک مضمون اس ماہ کے (غالباً مہر نیم روز) میں دیکھا۔ چھوڑو بھی۔ ان لوگوں کی بہت پٹائی ہو گئی۔ ان مسلم الثبوت استادوں کے مقابلے میں تم یا تمھارے دوست میرا نام لاتے ہیں تو شرمندگی ہوتی ہے۔ یوں تو ہر چہ از دوست آید نکوست لیکن۔

تمھارا

ابن انشا

**

۵۷/۹/۲۵

میری جان خلیل۔ تمھارا خط ملا۔ خوشی تو ہوئی لیکن احساس تنہائی اور بڑھ گیا۔ ساری نظمیں، غزلیں، لکھی ہوئی، لکھی جانے والی یاد آنے لگیں۔

اف یہ اجاڑ اجاڑ سی راتیں جورت کی وہی اپنی بھی کایا

شام و سحر ہم اپنی ہی غزلیں پڑھا کیے اور جی کو دکھایا

مثلاً

کب تک دامن تھام سکیں گے جھوٹے آنسو میٹھے بول
دور کی سوچیں سوچ کے راہی، اٹھ اور اپنی راہ ٹٹول

مثلاً

جھوٹی سچی مجبوری پر لال دلہن نے کھینچا ہات
باجے گاجے بجتے رہے پر لوٹ گئی ساجن کی برات
سکھیوں نے اتنا بھی نہ دیکھا، ٹوٹ گئے کیا کیا سنجوگ
ڈھولک پر چاندی کے چوڑے چھنکانے میں کاٹی رات
بھاری پردے کے پیچھے کو چھایا کو معلوم کہاں ؟
آج سے بیگانہ ہوتا ہے کس کا دامن کس کا ہات
میلے آنسو، ڈھلکے جھومر، اجلی چادر، سونی سیج
او شادیوی دیکھ رہی ہو کس کی محبت کی سوغات
انشا جی اک بات جو پوچھیں، تم نے کسی سے عشق کیا ہے ؟
ہم بھی تو سمجھیں، ہم بھی تو جانیں، عشق میں ایسا کیا ہوتا ہے
لوگ ذرا سی بات کے پیچھے عمر کے روگ لگا لیتے ہیں
مفت میں جان گنوا لیتے ہیں، ہم نے تو ایسا سن رکھا ہے

نام و مقام ہمیں بتلائیں، آپ نہ اپنے جی کو دکھائیں
ہم ابھی مشکیں باندھ کے لائیں، کون وہ ایسی ماہ لقا ہے
ناحق کو ہم دل کی باتیں لب پر لاکر خوار کریں
دل کے داغ شمار کریں اور دن میں سو سو بار کریں
ہم ہیں کون گنوں کے مالک، لوگ جو ہم سے پیار کریں

لیکن اس حکایۂ غم کو بڑھانے کا فائدہ۔ یہ سبھی شعر بے معنی ہیں۔ بے مطلب ہیں۔ تیس برس ہو گئے، اکتیسواں قریب الختم ہے۔ یہ پچھلی تیس خزاؤں کے زرد پتے ہیں۔ اچھا ہوا تم نے وقت کو تھام لیا، شادی کرلی۔ اب تم ہم حرماں نصیبوں کو کچھ ان کے لئے چھوڑ دو۔ ہمیں ابھی زندگی کے ویرانے میں کچھ دن بھٹکنا ہے۔ کچھ دن یا بہت دن۔ اپنی اٹھائیسویں برس والی نظم میں ہم نے لکھا تھا۔

جس صورت کے پیچھے بھاگے ہاتھ نہ آئی خواب بنی
یا ساگر کی تہہ کا موتی، یا بنتِ مہتاب بنی
ہاں نظموں کی کھیپ سے اچھی خاصی ایک کتاب بنی
میری جان، میری جان افسردہ دل افسردہ کند انجمنے را۔ لیکن
یہ تو سچ ہے نہ کچھ بات جی کی بنی، سونی راتوں میں دیکھا کیۓ چاندنی

پر یہ سودا ہے ہم کو پرانا سجن، اور جینے کا ہم کو بہانہ سجن

ہم نہیں تم نے جی کی مراد پالی۔ تم بھی بیگانے نہیں ہو۔ ہماری روح کا حصہ ہو۔ شادی کیوں کی، کیسے کی یہ بھی تو لکھو۔ یونیورسٹی کی کسی رفیقہ سے کی۔ میں احتیاطاً نام نہیں لیتا لیکن تمھاری کے شاید نام یا تحریر سے میں شناسا ہوں۔ علی گڑھ میگزین میں تصویر بھی دیکھی ہوگی۔ دیکھو کتنی احتیاط سے کام لے رہا ہوں۔ اسی احتیاط 'عشق' نے تو مارا۔

ابھی ابھی تمھارے حلقۂ دوستاں کے ایک رکن انجم اعظمی صاحب آئے تھے۔ یہاں ریڈیو میں نوکر ہو گئے ہیں۔ ان سے بھی تمھارا ذکر رہا۔ میری جان یہاں یونیورسٹی میں لکچرر کی ایک جگہ نکلی ہے۔ تنخواہ وہی ۳۵۰/- سے شروع ہوتی ہے۔ لیکن مجھے معلوم ہے تم نہیں آؤ گے اور اپنی ذاتی محبت سے قطع نظر میں تمھیں تمھارے ماحول اور علی گڑھ سے جدا نہیں کرنا چاہتا۔ انجم سے معلوم ہوا کہ تمھارا رہنے کا ٹھکانہ آنند بھون بہت خوبصورت ہے۔ اچھی بات ہے۔ اچھی بات ہے۔

تم دور رہو نزدیک رہو، کچھ تم سے نہیں کہنا ہم کو
بے وجہ بھی اکثر دل اپنا مغموم و پریشاں ہوتا ہے

باقی رہا ڈاکٹریٹ کا۔ یہ بھی اچھا ہوا برا نہ ہوا۔ لیکن دیکھو ڈاکٹر نہ رہنا، خلیل رہنا۔ قطرہ تا مے می تواند شد چرا گوہر شد۔ اپنی شاعری کو ثانوی حیثیت نہ دینا۔ شاعری کرو اور بھرپور شاعری کرو۔ چاند نگر کے دیباچے کے پہلے پیرے میں اسکوائر صاحب کا ذکر ہے۔ تم اسکوائر بھی بنو یولیس بھی رہو۔ اگر تمھاری رفیقہ محض بیوی نہیں بلکہ رفیقہ ہے تو یولیس بننے میں مدد ہوگی۔ رکاوٹ نہیں بنے گی۔ تنقید کے تم بادشاہ ہو، ہم نے مان لیا۔ اوراس کی اہمیت سے بھی انکار نہیں لیکن 'وقت خوش کردن' سے بھی غافل نہ ہونا۔ میں برنرڈ شا کا مرید ہوں جس نے لکھا تھا کہ ''میں ساری انسائیکلوپیڈیا برٹینکا لکھنے کی بہ نسبت 'ایلس ان ونڈرلینڈ' کا مصنف ہونا زیادہ پسند کروں گا۔''

لو ہم نے تمھیں عقل کی کتنی باتیں بتا دیں۔ شکریہ ادا کرو۔

کتاب اندھا کنواں تمھارے لئے مدت کی رکھی ہے۔ آج بھیج دی ہے۔ شاعری کا دفتر بہت دنوں سے ٹھپ تھا۔ تمھارا یہ خط آنے سے کھلا۔ گویا تمھارا نامہ آنا مبارک ہوا۔ دیکھو میاں خلیل۔ تم اپنے جی کی عشرتوں سے مجبور ہو گے۔ لیکن چو با حبیب نشینی۔۔۔۔۔۔۔ ہم مریضان بادہ پیما کو یاد رکھنا۔

یہ اہلِ دل کی محفل ہے۔ اس میں آتش کے انتخاب کے ذکر کی گنجائش نہیں۔ اس کا حال معلوم کر کے الگ لکھوں گا۔ لیکن تم خط لکھتے ہو کہ نہیں؟

تمھارا

ابن انشا

چاند نگر کی طبع دوم کی نوبت آ گئی ہے۔ اگر ہندوستان میں کوئی ہندوستانی ایڈیشن چھاپنے پر آمادہ ہو تو اس کے حقوق قبول کرو۔ دوسرا مجموعہ بھی چھ مہینے میں آیا سمجھو۔

**

۱۷ دسمبر ۵۷ء

جان عزیز۔

تمھیں خط لکھنا محض رسمی بات تو ہوتی نہیں۔ اس کے لئے فرصت اور سکون کی تلاش رہتی ہے تاکہ دل کی باتیں کہی جائیں۔ تازہ کہی ہوئی بیتیں بھیجی جائیں۔ سو تم جانتے ہو آج کل عنقا تو ایک چھوڑ جوڑا مل جاتا ہے سکون نہیں ملتا۔ اس وقت میں ایک عجیب سے زنداں میں بندھا بیٹھا ہوں۔ سوچتا ہوں تمھیں خط لکھوں۔

پیارے اعظمی تم سے دل کی وارداتیں کیا کہوں۔ یہ باتیں تم جانتے ہو کہنے کی نہیں ہوتیں۔ تمھیں معلوم ہے۔۔۔۔ تم نے میری نظموں سے دیکھا ہو گا کہ میری طبیعت کو جنوں سے کس قدر مناسبت ہے۔ وحشت۔ سپردگی۔ ربودگی۔۔۔۔۔۔۔

یہ میری زندگی ہیں۔ آج کل کا احوال بھی کچھ اس قسم کا ہے۔ بلکہ زندگی کے موڑ اور تیبر ہو گئے۔ تمھیں اپنی تازہ نظموں میں سے ایک بھیجتا ہوں۔ اگلی بار ایک اور نظم بھیجوں گا۔ کہانی کہنے کو جی چاہتا ہے لیکن تمھارے ہمارے درمیان زمان و مکان کے کتنے نامہ بر ہیں اور مجھے ہر نامہ بر سے خوف آتا ہے۔ پہلے خیال تھا ایشیائی ادیبوں کی کانفرنس میں جانا ہو گا لیکن حالات کی زنجیریں جانے نہیں دیتیں۔ وہاں تم سے ملاقات ہوتی۔ نئی دلی کی سڑکوں پر چاندنی راتوں میں دو دن گھومتے۔ اے روسیاہ تجھ سے تو یہ بھی نہ ہو سکا۔

میں صاحبِ تبصرہ نظیر صدیقی صاحب کو نہیں جانتا۔ یونس احمد بتاتے ہیں کہ ڈھاکے میں (یا بنگال میں کہیں اور) اردو کے لکچرر ہیں۔ انھوں نے مزاج کا اشتراک خوب تلاش کیا لیکن موازنے میں زیادتیاں کر گئے۔ موازنے نہیں کرنے چاہئیں۔

صفحہ الٹا ہے تو موضوع ہی کیوں نہ بدل دوں اور پھر تمھیں افسردہ دل کرنے سے فائدہ؟ بہر حال اپنا شعار کسی کا یہ قول ہے۔

Live fast, die young and leave a good looking crop behind.

کبھی ملو تو تمھیں بتاؤں کہ اس سال ۱۰ ستمبر کی رات میرے ساتھ کیا گزری۔ یہ ایک اتفاق ہی ہے کہ ۱۱ کی صبح کے اخبار میں میری حسرت ناک جوانا مرگی کی کوئی خبر نہ

چھپی۔ میں بچ گیا لیکن بچا نہیں۔ میرے اعصاب اب عمر بھر اس صدمے کی یاد میں تنے رہیں گے۔ تمھیں پریشان کرنے کی معافی چاہتا ہوں لیکن بات کہنے کی نہیں۔ ساری کہانی ایک نظم میں مل جائے گی جو زیر تحریر ہے۔

اور اب مجھے جانا ہے۔ کل یہ خط مکمل ہو گا۔

جان من، کل اس خط پہ توجہ نہ کر سکا۔ آج بھی اتنی مہلت نہیں کہ اور لکھوں یا پہلا پڑھ سکوں۔ آج ساقی میں تمھاری کتاب پر ریویو آیا ہے۔ بھیج رہا ہوں۔ پاک سر زمین دونوں پرچے پہنچ رہے ہیں۔ فکر و فن بھیجو اور خط لکھو۔

میرا ارادہ اس خط کے ساتھ کم از کم ایک نظم بھیجنے کا تھا۔ وہ بھی پھر سہی۔ بس خط لکھو۔ محمود ریاض سے کتاب کے لئے بھی کہہ دوں گا۔ کنور صاحب کو سلام۔ میں ان کا غائبانہ مداح ہوں۔

تمھارا

ابن انشا

**

۵/۵جہانگیر روڈ کراچی ۵

۹ جون ۱۹۵۸ء

پیارے خلیل

اگر تان آکر تغافل اور بے مہری پر ٹوٹنی تھی تو دوستی اور محبت بڑھانے کی کیا ضرورت تھی۔ اب یہ ہے کہ میں خط لکھتا ہوں تم چپ ہو رہتے ہو۔ یہ ہمارے شہر کی رسم نہیں ہے۔ اب لگائی ہے تو نبھاؤ۔ جی نہ چاہے تب بھی نبھاؤ۔

ایک پرچے میں تمھاری نظم دیکھی تھی رشّی کے نام۔ دیکھ کر جلا تو فوراً لکھنا شروع کیا۔

تم رشّی ہو تم جانتی ہو، اک دوست خلیل ہمارا تھا

بڑا پیارا تھا، بڑا نیارا تھا، ہمیں دور سے دیکھو پکارا تھا

تین چار مصرعے اور ہو گئے تھے، پھر وہ کاغذ کا پرزہ نہ جانے کہاں گیا۔ بہرحال رشک تو ہوتا ہے۔ چلو تمھارے رشّی سے نہ سہی لیکن شاذ تمکنت کے نام تمھاری نظم دیکھ کر تو ایسا جلا کہ اب تک دھواں اٹھ رہا ہے۔ مجھے وہ شاعر پسند ہے اور بہت پسند ہے۔ ذاتی طور پر اسے میں نہیں جانتا یقیناً تمھارا دوست ہوگا لیکن بات کہنے کہ نہیں۔

اچھا یہ شکوے شکایت ہو لیے۔ اب خط لکھتے ہو کہ نہیں؟ میں بڑی مصیبتوں میں الجھا ہوا ہوں۔ قضیہ وہی مولوی عبدالحق صاحب کا ہے۔

یاد آیا کل میری سالگرہ ہے۔ ۳۲ سال پورے ہو جائیں گے۔ بے برگ و گیاہ۔ خشک بیکار ۳۲ سال۔ بے پناہ احساسِ زیاں ہے۔ اے پیارے لوگو تم دور کیوں ہو۔ تمھارا پتہ بھی بھول گیا۔ اٹکل پچو لکھ رہا ہوں۔

بڑے بڑے پہاڑوں سے مقابلہ رہا اور اب تک ہے۔ تمھیں یاد ہوگا مدت ہوئی میں نے ایک خط تمھیں لکھا تھا اس میں کچھ احوال تھا۔ پوری تفصیل پھر کبھی۔ حریفوں نے ہمارے مولوی صاحب کو اتنی اذیت دی ہے کہ ان کو اگر دس سال جینا تھا تو دو سال جئیں گے۔ غضب خدا کا ان کی لائبریری تک سے نکال رکھا ہے۔ مولوی صاحب کی طبیعت میں اگر کوئی نقص کی بات ہے تب بھی ان کی خدمات، عمر اور عظمت کو دیکھتے ہوئے ایسا کرنا سخت زیادتی ہے۔ بہر حال ہمیں اس حمایت کے لئے لاکھوں کے بول سہنے پڑے۔ کتنی ہی دوستیوں سے ہاتھ دھونا پڑا۔ کتنے ہی ہر قسم کے نقصان اٹھائے۔ لیکن اس دل میں ہر اک داغ ہے جز داغِ ندامت۔۔۔۔۔۔۔۔۔۔۔ اور تم تو گواہ ہو میں اندھا عقیدت مند نہیں ہوں۔ کچھ سوچ کر ہی مناسب سمجھ کر ہی کرتا ہوں۔ لیکن اس قصے کو چھوڑو، تمھیں اس سے کیا مطلب؟

سنا ہے تم ڈاکٹر ہو گئے۔ جگ جگ جیو۔ لیکن دیکھو تم مصنف ہو، شاعر ہو، تمھارا کام لکھنا ہے۔ لکھ کر نام اور مقام پیدا کرو، کسی اور چکر میں نہ پڑنا۔

شہاب جعفری کا خط آیا تھا۔ کہیں کھویا گیا پتے سمیت۔ اب وہ مجھے بد اخلاق کہیں گے۔ میں تردید بھی نہ کر سکوں گا۔ والسلام

تمھارا

ابن انشا

**

پیارے خلیل۔

کہاں کھو گئے تم کہاں کھو گئے۔

مجھے یاد پڑتا ہے تمھیں کوڑیوں خط لکھ چکا ہوں۔ کوڑیوں تو خیر مبالغہ ہے، درجنوں اگر اس پر بھی یقین نہ آئے تو تمھاری قسم ایک دو تو ضرور لکھے ہیں جو نا مستجاب رہے۔ مانا کہ زندگی کی عشرتیں خوب ہیں لیکن چاند نگر کے دیباچے کا پہلا پیرِ ایا در کھو۔ اسکوائر بن کے نہ رہ جانا۔ تمھارے لئے بطور شاعر خطرے کے دو مقامات ہیں۔ یہ تاہل کا مقام تو خیر مبارک ہے اور میں واقعی سوچتا ہوں کہ اچھی بیوی کے ہوتے ہوئے حسرت و ماتم کی شاعری کی کیا ضرورت ہے (اور حسرت و ماتم کے بغیر شاعری میرے نزدیک ممکن نہیں) لیکن اگر تنقید نے تمھاری شاعری پر چھاپا مارا تو ٹریجڈی ہو

گی۔ اگر روح کا احساسِ ناتمامی بالکل فنا ہو جائے تو تخلیق کی امنگ جاتی رہتی ہے۔ معلوم نہیں تم کس عالم میں ہو اور تم پر کیا گزرتی ہے۔ کچھ منھ سے بولو، سر سے کھیلو۔ آج کل لکھنا یہاں بھی القط ہے۔ ہاں پڑھنا جاری ہے اور پاکستان میں کیا نئے سے نیا اچھے سے اچھا پرچہ نکلتا ہے۔ عابد علی عابد کا صحیفہ دیکھا؟ اس میں ایک تو قاضی عبدالودود کی تنقید ہے، گارساں دتاسی کی تاریخ ہندوی و ہندوستانی پر۔ دوسرے ڈاکٹر محمد صادق کا مضمون ہے، ''آزاد کی حمایت میں''۔ ڈاکٹر محمد صادق بھائی ہیں رفیق خاور اور تصدق حسین خالد کے۔ انھوں نے ڈاکٹریٹ آزاد پر لی تھی۔ ہوا یہ کہ لاہور میں ان لوگوں کو (بیس برس پہلے) ایک ایسا مکان ملا جس کا ایک کمرہ بند پڑا تھا۔ اس میں کچھ الماریاں تھیں جن میں بوسیدہ کاغذ بھرے تھے۔ یہ آزاد کے مسودے تھے۔ ان سے بڑے بڑے انکشافات ہوئے۔ یہیں سے پتہ چلا کہ شاگرد نے استاد کو کیا کیا اصلاحیں دی ہیں۔ اور دیوانِ ذوق میں کتنا کلام آزاد کا ہے۔ آبِ حیات کے بعض مآخذ بھی یہیں ہاتھ آئے۔ صحیفہ میں اب کے آزاد کے چار ہمعصروں کے خطوط چھپے ہیں جن سے معلوم ہوتا ہے کہ آزاد نے اپنی طرف سے طوطا مینا نہیں اڑائے بلکہ غالب وغیرہ کے متعلق اگر کچھ مخالف data ہے تو اسے tone down کیا ہے خصوصاً ذکاء اللہ نے غالب کو خوب ملاحیاں سنائی ہیں۔

گذشتہ ماہ (دسمبر) کے ماہ نو میں بھی انہی ڈاکٹر صاحب کا مضمون آزاد کے سفر ایران کے متعلق ہے۔ یہ انٹیلیجنس کے مشن پر گئے تھے اور اسی کے ثبوت میں ایک دستاویز مضمون مندرج ہے۔

پرسوں اردو اکیڈمی سندھ سے علاء الدین خالد کا فون آیا تھا۔ انھوں نے بس یہی کہا کہ میں نے خلیل صاحب کو خط لکھا ہے اور معاوضے کے متعلق یہ پیش کش کی ہے کہ کوئی مسافر ہندوستان سے وارد پاکستان ہو تو یہاں کے خرچ کے لئے روپیہ لے لے اور تمھیں وہاں ادائیگی کر دے۔ اب تم یہ دیکھ لو کہ تمھیں یہ منظور ہے کہ نہیں۔ اگر نہیں تو مسودے کی واپسی کے لئے ان کو بھی لکھ دو، مجھے بھی۔

یہ لارک پبلشرز میرے سب سے چھوٹے بھائی کا ہے۔ اس سے بڑے اور مجھ سے چھوٹے نے جن کا نام نامی سردار محمود ہے لاہور میں لاہور اکیڈمی قائم کی ہے جہاں سے صرف اچھی کتابیں چھپیں گی۔ کچھ شعری مجموعے، کچھ تنقیدی مجموعے۔ سب سے پہلی کتاب میری بچوں کی نظموں کا گلدستہ ہے۔ ''بلّو کا بستہ'' اس پر مولوی عبدالحق کا ریویو قومی زبان کے گذشتہ شمارے میں دیکھو۔ مصطفیٰ زیدی (تیغ) کا مجموعہ شہر آذر بھی چھپ گیا ہے۔ میرا ناول (ترجمہ) مجبور زیر طبع ہے۔ جعفر طاہر کی نظمیں بھی یہیں سے چھپیں گی۔ افسوس کہ سرمایہ ہے نہیں، حوصلے بلند ہیں۔ تھوڑے پاؤں جم جائیں

پھر تمھاری کتابیں بھی یہیں سے چھپیں گی کہیں اور سے نہیں۔ تمھارا ڈاکٹریٹ کا موضوع کیا تھا؟ ہندوستان میں معاوضے کی ادائیگی واقعی دشوار مرحلہ ہے۔ ہم چار پانچ سو روپے وہاں سے تمھارے حساب میں جمع کرانا چاہتے ہیں کیوں کہ ساحر اور کرشن چندر کو کچھ پیسے دلوانے ہیں۔ بس تم ان کو جمع رکھنا۔ جہاں ہم کہیں وہاں بھیج دینا۔ سوائے تمھارے یہ تکلیف اور کسے دی جا سکتی ہے۔

باقی خیریت ہی خیریت ہے۔ جواب خط کا انتظار ہے۔ جمیل الدین عالی کا کہنا ہے کہ نئی نسل کے نام سے ایک کتاب مرتب ہو کر چھپنی چاہیئے جس میں وہ، میں، جعفر طاہر اور ہمارے دیگر ہم عصر (یعنی تم) جنھوں نے اس میدان میں ڈنٹر پیلے ہیں شریک ہوں۔ کیا تم ان کی تدوین اپنے ذمے لے سکتے ہو۔۔۔۔۔۔۔ میرے بس کی بات نہیں۔ فہرست بنانا بھی تو کانٹوں کا بستر ہے۔

خیر اب یہ خط ختم۔۔۔۔۔۔۔ میری باتوں کا جواب دو۔

تمھارا

ابن انشا

**

کراچی

۶۰/۱/۲۳

ڈیر خلیل،

تم لوگ بڑے بے وفا ہو۔

میں نے سنا ہے تم یارانِ سریل نے غالب نام کا کوئی پرچہ نکالا ہے اور آج کل اس میں دھومیں مچا رہے ہو۔ حیرت ہے تم لوگوں کو میری یاد نہیں آئی جو تمھاری شہ رگ سے زیادہ قریب ہے۔

کرنا خدا کا ایسا ہوا کہ قریب قریب اسی وقت یہاں بھی ابال اٹھا اور ایک پندرہ روزہ کھلنڈرے پرچے کا ڈول پڑا۔ پرچہ کراچی سے نکل رہا ہے اور بطور ایڈیٹر میرے بھائی کا نام رہے گا لیکن ہوگا تمھارا پرچہ۔ تمھارے ذمے بہت کام ہیں جو تمھیں کسی دن بیٹھ کر لکھوں گا۔ پہلا پرچہ اس ماہ کے تیسرے ہفتے آنا تھا لیکن مجھے چند روز کے لئے مشرقی پاکستان جانا ہے، کوئی بیس دن کے لئے۔ کاش علی گڑھ راستے میں پڑتا اور ہم لوگ ملاقی ہو لیتے۔ پلین دہلی ضرور رکے گا لیکن کب کیسے؟ یہ معلوم نہیں۔ اگر ذرا سا بھی اس میں امکان ملاقات کا رہتا تو میں تمھیں ضرور تکلیف دیتا۔ اگرچہ فائدہ اس میں سوائے دیدار کے خاک نہ ہوتا۔

تو میرے بھائی اب پرچے کے سارے پرانے شمارے بھیجو۔ سنا ہے کوئی انجمن بنا کر تم دساور کے ادیبوں کو بلاتے ہو اور خوب ہفتے منائے جاتے ہیں۔ مجھے تفصیل معلوم ہو تو ہم یہاں یہی کریں۔ اس کے علاوہ میں نے آج کے ادیب کے نام سے ایک سلسلہ کتب پلان کیا ہے۔ بمبئی سے ادب کے معمار کے سلسلے میں کتب نے کتابیں شائع کی تھیں، یہ ان سے زیادہ elaborate ہوگا۔

امین اشرف صاحب کا خط آیا تھا۔ میں نے ان کو اس کا جواب دیا اور علی گڑھ میگزین کے لئے کچھ بھیجنے کا وعدہ بھی کر لیا۔ لازمی کوشش کر رہا ہوں کہ اس وعدے کو نبھاؤں۔ اگرچہ آج کل شعر کے خیمے خاک ہو رہے ہیں اور نغموں کی طنابیں ٹوٹ رہی ہیں۔

میں ڈھاکے جا رہا ہوں گلڈ کے پہلے سالانہ جلسے میں شرکت کے لئے۔ تمھارے ہاں جو ادیبوں کی تنظیم بننے کی خبر تھی اس کا کیا ہوا۔ اس کے منتظم بچارے کم سامان لوگ ہیں۔ اچھا یہ ہوتا کہ ایسا کنونشن علی گڑھ میں ہوتا۔ پھر اس کی کامیابی یقینی تھی۔ اب ہندوستان بھر میں علی گڑھ ہی اردو کا مرکز رہ جائے گا، خدا کرے کہ رہے۔ آج یہ سن کر افسوس ہوا کہ مشرقی پنجاب جو اردو کا گہوارہ تھا، اردو تجنل زبان نہ مانی جائے گی۔

اب بس خط مطلوب ہے۔ رشّی کا کیا حال ہے۔ آج کل ہندوستان میں فیملی پلاننگ کا زور ہے۔ لیکن مسلمان لوگ کہاں باز آتے ہیں اس لئے پوچھوں گا اعظمیوں کی آبادی میں اضافہ ہوا کوئی؟

شہریار اور دوسرے لوگوں کو سلام۔

ابن انشا

**

کراچی

۶۰/۴/۱۱

خلیل، میں تم سے بہت ناراض ہوں۔

سبزہ زار ہیں سونے
کیا بھلا دیا تو نے؟

شادی سبھی کی ہوتی ہے۔ آج تم کل ہماری باری ہے۔ بچے بھی کوئی ان ہونی بات نہیں۔ ہاں تم نے اس کے لئے باقی ساری دنیا کو تیاگ دیا ہو تو مجھے بھی تیاگ دو۔ اگر باقی سارے علائق سے راہ و رسم بدستور ہے تو شرم تم کو مگر نہیں آتی۔

اب ہم تم کو کیا بتائیں اس بیچ میں ہم پر بھی کیا سانحے گزرے۔ کچھ شعر کے خیمے بھی راکھ ہو کر رہ گئے ہیں۔ پچھلی کمائی پر کب تک گزارہ ہوگا۔ یار ہماری نسل کے ساتھ کچھ زمانے نے اچھی نہیں کی۔ جب آنکھ کھلی گل کی تو موسم تھا خزاں کا۔ خیر تمھارے ہمارے موسم میں قدرے فرق ہے۔ لیکن مہربانی اور نامہربانی کا گلہ یکساں ہے۔ اب اگر تم منھ سے گھنگھنیاں نکالو تو بات بنتی ہے۔ تمھارے دوست کنور اخلاق شہریار دور بہت بھاگیں ہیں ہم سے ورنہ غالب بھیجتے۔ اگر وہ تم سے قریب ہیں تو ہم سے دور کیوں ہیں۔ شاید غالب سے تمھاری خیر خیریت کی خبر ملتی رہتی۔۔۔۔۔ یہ جو ناگپور میں کانفرنس ہونے کو ہے تم اس میں جا رہے ہو، خدا کرے کامیاب ہو اگرچہ وہ لوگ بے سر و ساماں نظر آتے ہیں۔ کاش اس کا ڈول علی گڑھ میں پڑتا۔

اور کچھ نہیں۔ اور کچھ نہیں۔ تم نہیں سنتے تو باتیں ہماریاں اور کون سنے گا۔

رشی بیگم کو سلام اگرچہ وہ ہماری رقیب ہیں۔ تمھاری آل اولاد کو پیار۔

ابن انشا

***

فہرست

حرف اول

چند لمحے ابن انشا کے ساتھ

خلیل الرحمٰن اعظمی

لاہور میں ایک چینی موچی کی دوکان ہے۔ سڑک پر گزرتے ہوئے ایک صاحب نے اس دوکان کے شوکیس میں رکھا ہوا ایک انوکھا اور خوبصورت جوتا دیکھا۔ فوراً وہیں رک کر دوکان میں داخل ہوئے اور اس کے مالک سے پوچھنے لگے اس جوتے کے کیا دام ہیں؟ دوکاندار بولا مگر آپ اسے خرید کر کیا کیجیے گا یہ آپ کے پاؤں کا جوتا نہیں ہے۔ وہ صاحب بولے ''مگر میں تو اسے خریدنا چاہتا ہوں۔ میں اس کا ترجمہ کروں گا۔''

یہ صاحب ابن انشا تھے۔ ایک پراسرار اور انوکھی، طباع اور رومانی شخصیت ''جوتے کا ترجمہ'' تو محض ان کی ''خوش طبعی'' کا ایک مظاہرہ تھا مگر اس جوتے کی بدولت انہیں چینی شاعری کی تلاش ہوئی۔ طرح طرح کے مجموعے اور انتخابات ڈھونڈ ڈھونڈ (۱) کر

لائے اور ان کے منظوم ترجمے اردو میں کرڈالے اور چینی نظمیں کے نام سے ایک کتاب بھی شائع (۲) کی۔ اس کتاب میں قدیم چین کے لوک گیت ہیں۔ صحیفۂ کنفیوشس کی نظمیں ہیں، چرواہوں کی تانیں، جوگیوں اور بیراگیوں کی خود کلامیاں اور ان کے اقوالِ دانش ہیں اور عہد جدید کے منظومات بھی۔

شخصیت کی اسی پراسراریت اور انوکھے پن کی وجہ سے وہ ایڈگر ایلن پو کو اپنا ''گرو دیو'' کہتے تھے۔ ایڈگر ایلن پو کی انوکھی شخصیت اور اس کی شاعری نے سب سے پہلے ہمارے یہاں میراجی کو اپنا دلدادہ بنایا تھا اور انھوں نے بہت پہلے پو کی شخصیت اور شاعری پر ادبی دنیا میں ایک مضمون لکھا تھا اور اس کی کچھ نظموں کے منظوم تراجم بھی کیے تھے۔ پو کے دوسرے عاشق ابن انشا تھے جنھوں نے پو کی پراسرار کہانیوں کو اردو میں منتقل کیا اور اسے ''اندھا کنواں'' کے نام سے ایک مجموعے کی صورت میں شائع (۲) کیا۔ اس کتاب کے دیباچے میں انھوں نے اپنے اس خیال کا اظہار کیا تھا کہ پو کی تنقیدیں بھی خاصے کی چیز ہیں اور آیندہ وہ اس کے تنقیدی مضامین کا ترجمہ بھی کریں گے۔ معلوم ہوتا ہے اس ارادے کی تکمیل نہ ہو سکی۔

خود ابن انشا کی اپنی شاعری میں یہی پراسراریت اور نرالی فضا ہے۔ ان کی نظمیں اگرچہ عصری آگہی کے اظہار میں اپنے عہد کے کسی شاعر سے پیچھے نہیں ہیں مگر ان نظموں

کی فضا اور ان کا تانا بانا اپنے عہد کے مروجہ اسالیب سے بالکل الگ ہے۔ ان کے پہلے مجموعے کا نام ''چاند نگر'' ہے جو ۱۹۵۵ء میں مکتبہ اردو، لاہور سے شائع (۲) ہوا تھا۔ اس مجموعے کا نام بھی پو کی ایک نظم سے مستعار ہے۔ اس کی توضیح کرتے ہوئے دیباچے میں لکھتے ہیں :

'گرو دیوا یڈگرایلن پو کی ایک نظم ہے۔۔۔۔ ایلڈوریڈو یعنی شہر تمنا۔۔۔۔ قصّہ اس کا یہ ہے کہ ایک بہادر جی دار نائٹ اوپچی بنا، دھوپ اور سائے سے بے پروا ایلڈوریڈو کی تلاش میں مستانہ گیت گاتا گھوڑا اڑاتا چلا جا رہا ہے لیکن برسوں گزر گئے۔ زندگی کی شام آ گئی۔ اسے روئے زمین پر کوئی ایسا خطہ نہ ملا جو اس کے خوابوں کے شہر کا مثیل ہوتا۔ آخر جب اس کی تاب و تواں جواب دینے کو تھی اسے ایک بڈھا پھوس زائر ملا، جو سفر کی صعوبتوں سے گھل کر سائے کے سمان رہ گیا تھا۔ اس پیر فرتوت نے بھوؤں کی جھالر ہٹاتے ہوئے کہا : ۔ اگر تمہیں اس شہر جادو کی تلاش ہے تو چاند کی پہاڑیوں کے اُدھر سایوں کی وادیِ طویل میں قدم بڑھائے گھوڑا دوڑائے آگے ہی آگے بڑھتے چلو۔۔۔۔۔

معلوم نہیں اس سورما نائٹ کو وہ شہر تمنا ملا کہ نہیں لیکن سفر جاری رکھنے اور گھوڑا آگے بڑھانے کا بہانہ ضرور مل گیا۔ شاعر کو بھی ذہنی طور پر سندباد جہازی یا یولیسس ہونا

چاہیے یعنی اس کے سامنے ایک نہ ایک ایلڈ دو ریڈو۔۔۔ ایک نہ ایک چاند نگر کا ہونا ضروری ہے۔'' (۳)

ابن انشا اپنی اس رومانیت کے باوجود اپنے زمانے کے سماجی مسائل اور عوام کے دکھ درد کے ہی شاعر تھے۔ ایک جگہ لکھتے ہیں :

'گرم کی پریوں کی کہانیوں میں ایک ضدی بونا سر ہلا کر کہتا ہے کہ انسانیت کا دھیلا (۴) بھر جوہر میرے نزدیک دنیا بھر کی دولت سے زیادہ گراں قدر ہے۔ میری کتنی ہی نظمیں اس دھیلا (۴) بھر انسانیت کے متعلق ہیں۔ ان میں بھوک کا جاں گداز درد بھی ہے اور جنگ کا مہیب خوف بھی۔۔۔ بھوک اور احتیاج سے رستگاری کی جد و جہد مارکس سے ہزاروں برس پہلے شروع ہوئی تھی اور اب بھی جاری ہے۔''

واقعہ یہ ہے کہ ابن انشا ایک ترقی پسند شاعر تھے مگر ان کی ترقی پسندی تحریک، منشور اور پارٹی لائن والی ترقی پسندی سے مختلف تھی۔ جنگ اور امن کے موضوع پر اردو میں ترقی پسند شاعروں نے ہنگامی اور صحافتی انداز کی کیا کیا نظمیں نہیں لکھیں لیکن ان میں سے آج ہمارے حافظے میں کون سی نظم محفوظ رہ گئی ہے ؟ مگر ابن انشا نے اس موضوع کو جو بظاہر وقتی اور ہنگامی ہے اپنے شاعرانہ خلوص اور فنکارانہ ایمانداری کے بدولت ہمیں (۵) جاوداں کر دیا ہے۔ مضافات، امن کا آخری دن، افتاد، شنگھائی، کوریا کی

خبریں، کوچے کی لڑائی وغیرہ نظمیں آج بھی شعریت سے بھرپور معلوم ہوتی ہیں۔ خود ابن انشا نے ان نظموں سے متعلق اپنا نقطۂ نظر پیش کیا ہے۔ لکھتے ہیں:

''اپنے موضوعات کے باوجود یہ نظمیں تبلیغی نہیں بلکہ ذاتی ہیں اور محمد حسن عسکری کے الفاظ میں میں نے یہ نظمیں اپنے اعصاب سے پوچھ کر لکھی ہیں اور یہی وجہ ہے کہ بعض جگہ ان میں تذبذب یا تشائم راہ پا گئے ہیں۔۔۔ مسلمہ ترقی پسند نقطۂ نظر سے یہ بڑا عیب ہے لیکن اصل چیز وہ رد عمل ہے جو قاری میں ایسی کسی نظم کے پڑھنے سے پیدا ہوتا ہے۔ میں بڑی آسانی سے ان نظموں کے انجامیے لوگوں کے حسب دلخواہ رکھ سکتا تھا لیکن پھر وہ اوروں کی نظمیں ہوتیں۔ میرے جذبات اور میری کمزوریوں کی ترجمان نہ رہتیں اور جیسا کہ عرض کر چکا ہوں اپنی شاعری کو ذاتی سمجھتا ہوں اچھوت ادھار کی قسم کی مقصدی مہم نہیں۔''

گویا ابن انشا نئی نسل کے ان شاعروں کا سرخیل ہے جس نے پہلی بار شاعری میں ذاتی اور شخصی تجربے کی اہمیت پر زور دیا اور ترقی پسندی کے چراغ سے اپنا چراغ جلانے کے باوجود اس میں جس روغن کو استعمال کیا وہ اس کی اپنی ہڈیوں سے پگھلایا ہوا ہے۔ اسی لیے اس چراغ کی لو دور سے پہچانی جاتی ہے۔ اس نے اپنی نظموں میں ہیئت کے کوئی ایسے تجربے نہیں کیے۔ طویل نظموں میں یہ ٹکنیک ضرور رکھی کہ

انھیں چھوٹی بڑی اور مختلف البحر نظموں کا ایک مرکب بنایا اور مرکزی تاثر سے ان نظموں میں ایک وحدت پیدا کی۔ آگے چل کر دس بارہ برس بعد اسی انداز کو عمیق حنفی نے خوب خوب برتا۔ ''سندباد'' اور ''شب گشت'' وغیرہ میں یہ رنگ خوب نکھرا ہے۔ ایسا گمان ہوتا ہے کہ ابن انشا کی طویل نظم ''بغداد کی ایک رات'' کا سندباد ایک نئی علامیت کے ساتھ عمیق حنفی کی نظم ''سندباد'' میں جنم لیتا ہے۔ ممکن ہے یہ عمل محض اتفاقی اور غیر شعوری ہو لیکن اس کردار کو نئے تناظر میں دیکھنے کا عمل اور اس کی اولیت کا سہرا یقیناً ابن انشا ہی کے سر ہے۔ اسی طرح پنجابی شاعری کی صنف ''سی حرفی'' کو بھی میرے علم کے مطابق سب سے پہلے ابن انشا نے اپنی نظم ''امن کا آخری دن'' میں برتنے کی کوشش کی۔ اس ٹکنیک کے ذریعہ نظم کا ہر بند یا اس کے مختلف ٹکڑے حروف تہجی سے شروع ہوتے ہیں اور ان حروف سے بننے والے اسما یا اشیا کو ایک خاص پیرایے سے بیان کیا جاتا ہے اور ان کے ذریعہ ایک تاثر ابھارا جاتا ہے۔ مثلاً:

گ گاتی ہوئی گولی ہے کہ گن سے نکلے
کسی گمنام سپاہی کا نشانہ باندھے
گ گبرو ہے کہ بائیس بہاروں میں پلے

ل لاشہ ہے کہ دو روز کے اندر سڑ جائے

پ ہے پنشن کہ سپاہی کو شجاعت کے عوض

ایک پہلو میں ٹھمکتی سی بساکھی دی جائے

ت وہ تمغہ ہے کہ برسوں کی ریاضت سے ملے

اور کسی لاش کی چھاتی پہ چمکتا رہ جائے

جیسا کہ میں نے پہلے عرض کیا تھا۔ ابن انشا کی ان نظموں کی اپنی ایک فضا ہے۔ ان نظموں میں شام اور رات کے دھندلکے کو عام طور پر منظر نامے کے طور پر استعمال کیا گیا ہے۔ اور۔۔۔

''ان نظموں میں کسی گرجا کا گھڑیال بھی اکثر آتا ہے جو ہمیشہ دو ہی بجاتا ہے۔ کہیں ریل کی سیٹی بھی گونج اٹھتی ہے۔ ایک ریل کا پل بھی ہے۔ برسوں میں ایک ریلوے اسٹیشن کے نواحات میں رہا ہوں اور شام کی سیر میں ایک پل پر تنہا بیٹھا گاڑیاں گزرنے کا بچکانہ تماشا دیکھا کیا ہوں۔ گرجا کا گھنٹا بھی سالہا سال میرا رفیق سفر رہا ہے اور میں نے اپنی زندگی کی ہزاروں ساعتیں گھڑی کے بغیر اس کی مدد سے گزاری ہیں۔ اور چاند۔۔۔ چاند کو تو میں نے آبادیوں اور ویرانوں میں جانے کس کس عالم میں دیکھا

ہے۔ یہ سب چیزیں ماضی کی کھونٹیاں ہیں جن پر میں نے یادوں کے پیراہن لٹکا رکھے ہیں۔''

۱۹۵۵ء میں ''چاند نگر'' کی اشاعت اس سال کا ایک اہم ادبی واقعہ تھی۔ ناصر کاظمی کی ''برگ نے'' اور راقم الحروف کا ''کاغذی پیرہن'' بھی اسی سال شائع ہوئے اور اس دور کے کئی نقادوں نے ان تینوں مجموعوں میں کچھ مشترک عناصر کی نشاندہی پر بطور خاص زور دیا۔ میں تو خیر کس شمار قطار میں تھا اور میرا مجموعہ دراصل میری ادھ کچری تخلیقات کا ایک البم تھا لیکن نئے تنقیدی رویے کی بدولت مجھے بھی اچھی خاصی پذیرائی ملی۔ مگر سب سے دلچسپ بات یہ تھی کہ ابن انشا اور ناصر کاظمی دونوں سے میری ذہنی قربت دوستی میں تبدیل ہو گئی۔ یہ دوستی محض خط و کتابت تک ہی محدود تھی۔ ایک کراچی میں تھا (ابن انشا) دوسرا لاہور میں (ناصر کاظمی) اور تیسرا علی گڑھ میں (راقم الحروف) مگر نصف ملاقاتوں کے ذریعہ خوب پینگیں بڑھیں۔

۱۹۶۰ء کے بعد ابن انشا کی شعری تخلیقات کا سلسلہ کچھ مدھم ہونا شروع ہوتا ہے۔ لاہور میں ناصر کاظمی کی غزل کے اتنے مقلد پیدا ہوئے کہ وہ اپنے حلقے میں ایک 'کردار'' بن گئے اور شاعری کو وہ اور ان کے دوستوں نے ایک اسلوب زیست کے طور پر برتنے کی کوشش کی، ان کی آوارہ خرامی اور رت جگوں کی حکایتیں یہاں بھی

پہنچتی رہیں مگر ابن انشا کا اپنا کوئی حلقہ نہ بن سکا۔ وہ اپنی انوکھی اور پر اسرار دنیا کی خود ہی سیاحت کرتے رہے اور ان سیاحت ناموں کو بیان کرنے کے پیرائے بھی بدلتے رہے۔ پہلے تو رنگ میر و رنگ نظیر کی غزلوں میں خوب جھوم جھوم کر داد سخن دی بھر نثر کی طرف آ گئے۔ تبصرے، خاکے، ترجمے، سفرنامے، مزاحیہ مضامین، بچوں کی نظمیں، غرض کہ الم غلم ہر طرح کی چیزیں دیکھنے میں آئیں۔ کبھی ''چلتے ہو تو چین کو چلیے'' کے نام سے اور کبھی ''ابن بطوطہ کے تعاقب میں'' کے عنوان سے اپنی سیاحی کا حال لکھ رہے ہیں۔ ''پاک سرزمین'' کی ادارت کر رہے ہیں۔ ''جنگ'' میں مزاحیہ کالم لکھ رہے ہیں۔ غرض کہ اس ہماہمی میں شاعر ابن انشا ہم سے دور ہی ہوتا گیا۔

اپنے اس ذہنی سفر سے متعلق ابن انشا نے چاند نگر کے دیباچے میں اپنے اندیشے کا اظہار کیا تھا۔ مجھے جو خط لکھے ہیں اس میں کئی جگہ اس پیراگراف کا بطور خاص حوالہ دیا ہے۔ یہ پیراگراف آپ بھی پڑھ لیجیے :

''اسٹیفن اسپنڈر نے اپنی خود نوشت سوانح حیات میں ان دنوں کا ایک واقعہ لکھا ہے جب حضرت کی عمر یہی کوئی اٹھارہ انیس برس کی ہوگی۔ شاعری کی اٹھان کا زمانہ تھا جس میں انسان کو اپنے متعلق یہ گمان ہوتا ہے کہ وہ اس کام کے لیے مبعوث ہوا ہے۔

ایک محفل میں ان کا تعارف جے۔ سی۔ اسکوائر نامی ایک مسن (۵) اور جہاں دیدہ شاعر سے ہوا جس نے ان کا ذوق و شوق دیکھ کر پوچھا :

صاحبزادے !زندگی میں تمھارا مشن کیا ہے ؟

شاعری۔ ۔ ۔ نوجوان اسپنڈر نے بے تکلف جواب دیا۔

تب تو تمہارا حال مجھ سا ہوگا۔ اسکوائر نے کہا۔

تم بیس اکیس برس کی عمر تک شاعری کروگے۔ اس کے بعد کسی لڑکی کی محبت میں گرفتار ہو جاؤ گے اور مزید شاعری کروگے۔ پھر تم اس لڑکی سے شادی کر لوگے اور پیسے کمانے کے لیے اخباری مضامین اور تبصرے لکھنا شروع کروگے۔ پھر تم ایک بچے کے باپ بن جاؤ گے اور پہلے سے زیادہ زور و شور سے ایسے مضامین اور تبصرے گھسیٹنے لگوگے۔ آخر جب میری عمر کو پہنچو گے تو سوچو گے کہ میں بھی کتنا مورکھ تھا۔ شاعری کو اتنی اہمیت دیتا رہا۔ اس لڑکی کا شوہر اور اس کے بچے کا باپ ہونے کے مقابلے میں چار سو سانیٹ کا مصنف ہونے کی کیا وقعت ہے۔ ۔ ۔

میں اپنا یہ مجموعہ زندگی کے اس موڑ پر پیش کر رہا ہوں جب کہ دل میں شاعری کرنے اور بھرپور شاعری کرنے کی ہوس جوان ہے لیکن تبصرے اور صحافتی مضامین بھی اپنا خراج وصول کر رہے ہیں۔ اوپر کی نقل ہم سب کا ساگا معلوم ہوتی ہے۔ اسے سن کر

دل بیٹھ جاتا ہے لیکن پھر یہ خیال کہ ممکن نہیں کہ سب کو ملے ایک سا جواب، سیر طور کی راہ بھی دکھاتا ہے۔''

مگر واقعہ یہ ہے کہ جے۔ سی۔ اسکوائر والی بات ابن انشا کے دل کا چور تھی اور ان پر صادق بھی آئی۔ ۱۹۶۰ء کے بعد اردو شاعری کے ایوان میں بڑی چہل پہل رہی۔ جدیدیت کے میلان نے ایک تناور درخت کی شکل اختیار کی۔ ہم سب اسی درخت کی چھاؤں میں بیٹھے اور خوب خوب دھومیں مچائیں۔ بحث مباحثے، مناظرے مجادلے، سمنار، دوستوں سے ملاقات کے بہانے اور دشمنوں کے وار سہنے کی عادتیں۔ غرض کہ ۱۹۶۰ء سے ۱۹۷۷ء تک کیا کچھ نہ ہوا۔ ناصر کاظمی کا چند سال پہلے بھری جوانی میں انتقال ہو گیا۔ ان کی یاد میں لاہور سے لے کر علی گڑھ تک میں جلسے ہوئے، تقریریں ہوئیں، مضامین لکھے گئے۔ ان زمینوں میں نوجوان شاعروں نے غزلیں لکھ کر خراج عقیدت پیش کیا۔ لاہور سے احمد مشتاق نے ''ہجر کی رات کا ستارا'' (۶) کے عنوان سے ناصر کاظمی کی شخصیت اور فن پر بڑے عمدہ مضامین شائع کیے لیکن ۱۹۷۸ء کے آغاز میں جب ابن انشا دماغی عارضے میں بتلا ہو کر لندن کے ایک اسپتال میں اپنی جان جان آفرین کو سپرد کرتے ہیں تو کیا انگریزی اور کیا اردو سبھی اخباروں میں اردو کے ایک مزاح نگار کی موت کی مختصر سی خبر شائع (۲) ہوتی ہے۔ اکیاون سال کی عمر میں

وفات پانے والا البیلا شاعر چاند نگر جیسے مجموعے کا خالق ایک ''مزاح نگار'' کی صورت میں منوں مٹی کے نیچے دفن کر دیا جاتا ہے۔

تُفُو بر تو اے چرخِ گرداں تفو

ابن انشا پر لکھوں تو کیا لکھوں۔ شیر محمد خاں نام کا ایک شخص جو ۱۹۲۶ء میں جالندھر میں پیدا ہوا تھا۔ جو آزادی کے بعد پاکستان ہجرت کر گیا۔ جس نے اردو کالج کراچی سے اردو میں ایم۔ اے۔ کیا اور پی ایچ ڈی میں داخلہ لینے کے بعد اس لیے اس سے دست بردار ہو گیا کہ محقق اور اسکالر وغیرہ بننا اس کے مزاج کے منافی تھا۔ جس نے ایک خط میں مجھے لکھا تھا کہ:

''میں برنارڈ شا کا مرید ہوں جس نے لکھا تھا کہ ساری انسائیکلوپیڈیا لکھنے کی نسبت ایلس ان ونڈر لینڈ کا مصنف ہونا زیادہ پسند کروں گا۔''

یہ ابن انشا میرا بڑا جگری دوست تھا۔ میرا پیارا بھائی اور مجھ پر جان چھڑکنے والا۔ اس نے مجھے بڑی اپنائیت کے ساتھ خطوط لکھے اور ان خطوط میں اپنی شخصیت کو بارہا بے نقاب کیا۔ اپنی آرزوؤں اور تمناؤں کو عجیب عجیب پیرایے میں بیان کیا۔ آج ان خطوں کو پڑھتا ہوں تو خیال ہوتا ہے کہ وہ سچ مچ کا صوفی تھا جسے اپنے بارے میں کشف ہوتا تھا اور اس کے بیشتر قیاسات صحیح ثابت ہوئے۔ ایک خط میں لکھتا ہے:

''اپنا شعار کسی کا یہ قول ہے :

Live fast die young and

Leave a good looking crop behind''

ابن انشا سچ مچ جوان ہی مرا۔ اکیاون سال کی عمر بھی کوئی عمر ہوتی ہے مگر اس کی جواں مرگی پر آنسو بہانے والے کتنے ؟

یہ سوچا تھا کہ اپنا مرثیہ بھی آپ لکھتے

ابن انشا کے جتنے بھی خطوط مجھے اپنے کاغذات کے انبار سے دستیاب ہو سکے انھیں اشاعت کے لیے دے رہا ہوں۔ یہ انتہائی نجی خطوط ہیں۔ بڑی بے تکلفی سے لکھے گئے ہیں مگر آج ان خطوط کی اہمیت یہ نہیں ہے کہ یہ خلیل الرحمٰن اعظمی کے نام ہیں۔ دراصل یہ ابن انشا کا سیلف پورٹریٹ ہیں۔ یہ آپ سب کی امانت ہیں۔ انھیں آپ کی خدمت میں پیش کرتے ہوئے اس کے سوا کیا کہوں کہ

پھر باتیں ایسی نہ سنیے گا

**

ماخذ : دوماہی 'الفاظ'، علی گڑھ

مئی جون، ۱۹۷۸ء

حواشی

(از محمد وارث)

(۱) اصل مضمون کی کتابت میں ''ڈھونڈھ ڈھونڈھ'' درج ہے۔

(۲) اصل مضمون کی کتابت میں ''شایع'' درج ہے۔

(۳) اقتباس از دیباچۂ اصل نسخہ 'چاند نگر' طبع اول

(۴) اصل مضمون کی کتابت میں 'دھیلہ' درج ہے۔

(۵) اصل لفظ سمجھ نہیں آیا۔

(۶) اصل مضمون کی کتابت میں 'ستارہ' درج ہے۔

★★★

ابنِ انشا کے خطوط خلیل الرحمن اعظمی کے نام

۵/۵جہانگیر روڈ، کراچی

۱۷ستمبر ۱۹۵۵ء

برادرم اعظمی صاحب

آپ کا کرم نامہ ملا۔ آپ نے جو کچھ لکھا ہے اس کا مستحق تو میں نہیں لیکن آپ کے الفاظ سے بوئے وفا آتی ہے اس لئے قبول کر کے ممنون ہوں۔ علی گڑھ میں مجھے آپ ہم زبان نظر آئے تھے اور آپ کی تحریروں سے آپ کے مزاج کا اندازہ کیا تھا۔ خدا کا شکر ہے کہ اندازہ غلط نہ نکلا۔ امید ہے کہ آپ برابر خط لکھتے رہیں گے۔ آپ نے فکر و نظر میں جوش کے متعلق جو کچھ لکھا ہے اس سے بھی میں خوش ہوں۔ خطابیّت کے رجحان نے ہماری شاعری سے خلوص، تفکر اور گھلاوٹ چھین کر اسے بہت

Debase کیا ہے۔ پسند عام کی راہ سے ہٹ کر ریاضت کرنا اور نئی راہیں نکالنا۔۔ ۔۔۔ ہمارا آپ کا کام ہے۔ سفر ہے شرط مسافر نواز بہتیرے۔ میاں آزاد

تمھاری سینہ فگاری کوئی تو دیکھے گا

نہ دیکھے اب تو نہ دیکھے کبھی تو دیکھے گا

بعض موانع کی وجہ سے میں اس میں چند نظمیں شامل نہیں کر سکا۔ کوجے کی لڑائی سویرا میں اور شاہراہ میں چھپی تھی اور ''کوریا کی خبر'' میں نے کہیں بھیجی ہی نہیں۔ موقع ملا تو آپ کو دکھاؤں گا۔ ڈاکٹر محمد حسن صاحب سے مجھے ارادت ہے۔ وہ ہمارے Age Group کے آدمیوں کے لئے باعثِ افتخار ہیں۔ افسوس کہ آل انڈیا ریڈیو سے میں ان کا تبصرہ نہ سن سکا۔ میرے ریڈیو نے وقت پر غداری کی۔ اب میں آپ کو ایک نہیں دو دو تکلیفیں دوں گا۔ حسابِ دوستاں در دل، مجھے ان کے تبصرے کی نقل درکار ہے۔ مل سکے گی؟ دوسرے علی گڑھ میگزین کا حالیہ علی گڑھ نمبر چاہیے۔ بہت شہرت سنی ہے لیکن یہاں بازار میں تو آتا نہیں کہ دیکھنے کو ملتا۔ بس۔ تیسری بات یہ فرمائیے کہ فکر و نظر کا دوسرا نمبر کب نکلے گا۔

آپ کے یہاں علی گڑھ میں اتنے اچھے لوگ جمع ہیں کہ آپ پر رشک آتا ہے۔ میری ریسرچ کی میعاد دسمبر میں ختم ہو رہی ہے لیکن رفتارِ کار تسلی بخش نہیں۔ مجھے

مصروفیتیں بہت رہتی ہیں۔ میرے نگراں مولوی عبدالحق صاحب ہیں۔ انہوں نے بہت ڈھیل دے رکھی ہے۔ آپ کی دلچسپی کے لئے لکھ رہا ہوں کہ میرے مقالے کا موضوع کیا ہے۔

Tradition of nazm (to the exclusion of ghazal) in Urdu poetry, a historical and critical survey from the earliest times to date.

بہت وسیع موضوع ہے اور میں محنت سے بھاگنے والا۔ ہرچہ بادا باد۔ لکچرر شپ ایک آدھ سال کر کے چھوڑ دی۔ اس میں پیسے بہت کم ملتے ہیں۔ بہت ہوا سب کچھ ملا کر ڈھائی سو ہو گئے، تین سو ہو گئے۔ اب بھی یہی ارادہ ہے کہ ذمہ داریوں کا بار ذرا ہلکا ہو تو کسی کالج میں چلا جاؤں۔ ممکن ہے ڈاکٹریٹ کے بعد (جو فی الحال ایک منزل موہوم ہے) کچھ اچھے پیسے مل جائیں لیکن کمپی ٹیشن پھر بھی بہت ہے۔ خیر دیدہ باید شد۔
ڈاکٹر محمد حسن صاحب سے میں نے درخواست کی ہے کہ وہ مجھے چاند نگر کے متعلق تفصیلی رائے لکھیں۔ انہوں نے وعدہ بھی کیا ہے۔ آپ اگر فکر و نظر میں یا ہندوستان کے کسی اور پرچے میں اس کے متعلق کچھ لکھ دیں (آپ نگار میں بھی تو اکثر لکھتے ہیں) تو بہت اچھا ہو۔۔۔۔۔ افسوس کہ ہندوستان میں یہاں کی کتابیں زیادہ نہیں جاتیں۔ علی

گڑھ، دلی اور لکھنؤ کے اچھے تاجرانِ کتب کو یہاں کے اچھے ناشرین کی کتابیں منگانی تو چاہئیں۔ چاند نگر تو کہاں پہنچی ہوگی۔

اب رخصت۔ محمد حسن صاحب کو میرا اسلام کہئے اور میری فرمائش یاد رکھئے۔ ممنون ہوں گا۔

آپ کا

ابن انشا

**

کراچی

۱۴ جنوری ۵۶

برادرم اعظمی صاحب، آداب

آپ کا ۵ جنوری کا لکھا خط کل ملا۔ ادھر میرا خط آپ کو مل گیا ہوگا۔ آپ کی بیماری کا جان کر بہت افسوس ہوا۔ اب آپ اپنے کو کچھ دن محنت اور مطالعے سے دور رکھیئے۔ اس میں دماغ اور اعصاب کی سکت جاتی رہتی ہے۔ دوسرے خط میں یہ سننے کا متمنی ہوں کہ آپ بالکل چاق وچوبند ہیں۔

اختر انصاری آپ کا مضمون چھاپتے ہیں تو یہ بڑی ہی شرافت ہوگی۔ بھائی میں تو اس قدر دانی پر شرمندہ ہوں۔ شاہد مہدی صاحب اور کنور صاحب* میرے لئے نادیدہ ہیں لیکن اجنبی نہیں۔ ذہنی طور پر اس لئے نہیں کہ مجھ میں کون سی بات ہے جو چاند نگر میں نہیں آگئی۔ دوسرے چوپال کی ایک ہی صحبت حجاب دور کرنے کے لئے کافی ہوتی ہے۔ معلوم ہوتا ہے کہ آپ نے وہ پرچہ بند کر دیا۔ میں دور دوسرے ملک میں بیٹھا ہوں ورنہ اس کی مالی ذمہ داریوں میں شریک ہوتے اور سب مل کر اس کو گھاٹے پر چلاتے۔

جھوٹے سکوں میں بھی اٹھا دیتے ہیں یہ اکثر سچا مال
شکلیں دیکھ کے سودے کرنا کام ہے ان بنجاروں کا

بت پرستی کا خیال ترک کر دیجیئے۔ خدا نے چاہا تو سیدھے سیدھے ملاقات ہو جائے گی۔ تصویر نہ صرف یہ کہ میں چھپواتا نہیں کھنچواتا بھی نہیں ہوں۔ میرے پاس ایک بھی فوٹو ہوتا تو ضرور آپ کو بھیجتا۔ برگ گل کا پہلا پرچہ آپ نے دیکھا ہے؟ پیلیے کو روالا۔ اس میں ایک گروپ فوٹو ادارے کا چھپا تھا۔ اس میں میں ضرور ہوں لیکن بھائی مری تصویر بہتر ہے کا معاملہ وہاں بھی ہے۔

---

*کنور اخلاق محمد خاں شہریار

آج کل پریشانی میں بتلا ہوں۔ اس کی تفصیل لکھنے سے بچتا ہوں۔ بہت دن سے کچھ نہیں لکھا۔ مجموعہ آنے کے بعد ایک نظم نقوش میں آئی تھی ''ست کئے دکھ ہوئے'' اور ایک افکار میں ''کاسا بلنکا''۔ بستہ باندھ کے ایک طرف رکھ چھوڑا ہے۔ ہفتے عشرے بعد شاید کھولوں۔ اب تو آپ کا کاغذی پیرہن آجائے۔

مہدی صاحب اور کنور صاحب سے سلام کہیئے۔ مہدی صاحب کے تو ایک لطف نامے کا جواب بھی مجھ پر واجب ہے۔ اچھا خدا حافظ۔ اب اور بھی کام دیکھیں بھالیں۔ خط جلد لکھیئے گا۔

آپ کا

ابن انشا

۱۸اپریل ۱۹۵٦

بھائی اعظمی، آداب

جس روز آپ کا تمغۂ جمیل کاغذی پیرہن پہنچا ہے اس روز میں نیم علیل چھٹی لے کر گھر پر لیٹا ہوا تھا۔ سارا دن اسے پڑھتا رہا اور لطف لیتا رہا۔ ارادہ یہ تھا کہ ابھی اٹھوں گا اور آپ کو اس کے متعلق خط لکھوں گا لیکن ایسا نہ ہوا۔۔۔۔۔۔۔ اور بات ایک مرتبہ

ٹل جائے تو بہت دن لیتی ہے۔ جمیل جالبی کو کتاب پہنچا دی تھی لیکن آج اتوار کے روز آپ کو خط لکھنے کے موڈ میں کتاب کی دوبارہ تلاش کرتا ہوں تو نہیں ملتی۔ یہیں بیٹھک میں رکھی تھی۔ جو آتا تھا دیکھتا تھا۔ میرا خیال ہے ممتاز حسین لے گئے۔ وہ کچھ مضامین لکھ رہے تھے اور شاعری کے مجموعے لینے میرے پاس آئے تھے۔ میرا خیال ہے میں نے انھیں دے دی۔ وہ تو واپس کر دیں گے لیکن اگر کسی اور کے پاس ہے تو واپسی میں شبہ ہے اور یہ بھی ممکن ہے کہ دوسرے کمرے میں کہیں دبی پڑی ہو یا پاس پڑوس کے کسی گھر میں گئی ہو۔ بہر حال اب اس کو ڈھونڈوں تو مطلب یہ کہ خط نہ لکھوں اور پھر وہی چکر چلے۔ آج کل کام بہت ہے۔ رات کو آٹھ بجے دفتر سے آتا ہوں اور وہاں سوائے دفتر کے کام کے کچھ نہیں ہوتا۔ خیر آپ باقاعدگی سے یاد کر لیا کریں تو میں بھی خیال سے غافل رہنے والا نہیں ہوں۔

کاغذی پیرہن ایک سچے شاعر کا مجموعۂ جذبات ہے۔ میں نے دانستہ مجموعۂ افکار کی بجائے مجموعۂ جذبات کا لفظ لکھا ہے اور خود اپنے مجموعے کو میں یہی نام دینا پسند کروں گا لیکن آپ کے ہاں تو جذبے مجھ سے کہیں زیادہ شدید ہیں۔ آپ میں مجھ کو اپنی بھٹکی ہوئی روح ملتی ہے اس لیے ان نظموں میں اور زیادہ اپنائیت کا احساس پیدا ہوتا ہے۔ اس وقت تفصیل تو کیا دے سکتا ہوں مجموعہ سامنے نہیں لیکن آپ کے مختصر اور

حسین پیش لفظ سے لے کر (جس کے سامنے میرا مقدمہ بے کار ہے) آخر تک دل کے مسوسنے کے کئی مقام آتے ہیں۔

ہم نے اس عشق میں کیا کھویا ہے کیا پایا ہے
جز ترے غیر کو سمجھاؤں تو سمجھا نہ سکوں

میں اس کے متعلق آپ کو بھی لکھوں گا اور کسی پرچے میں لکھنے یا لکھوانے کی کوشش کروں گا۔ ایک دوست کی کتاب کے طور پر نہیں بلکہ ایک ایسے مجموعے کے طور پر جس میں اس دور کی روح جھلکتی ہے۔ لیکن یہ بازیاب تو ہولے۔ ریویو کے لئے ایک کتاب ماہنامہ مہر نیم روز کو بھی بھیجیئے جس کے ایڈیٹر ابو الخیر کشفی ہیں۔ پتہ ہے ہاؤسنگ یونین ایریا، کراچی۔

میرے بھائی آپ نے آل احمد سرور کے تبصرے کا ذکر تو کر دیا لیکن اردو ادب تو یہاں کبھی بھی نہیں آتا۔ آپ کو دو باتوں میں سے ایک کرنی ہوگی اور ضرور کرنی ہو گی۔۔۔۔۔۔ یا تو اردو ادب کا پرچہ خرید کر بھجوا دیجیئے۔۔۔۔۔۔ یا اپنے پرچے میں سے کٹنگ بھیج دیجیئے۔۔۔۔۔۔ یا اس کو نقل کرا دیجیئے یا کر دیجیئے لیکن اس تبصرے کا مجھ تک پہنچنا ضروری ہے۔

باقی کیا لکھوں۔ کنور صاحب کو سلام۔ ان کی غزل میں نے غالباً شاہراہ میں دیکھی تھی۔ بہت اچھی تھی۔ زبان بھی ہمارے مطلب کی تھی۔ شاہد مہدی صاحب چپ ہی سادھ گئے۔ وہ کیا کرتے ہیں ؟ اور چوپال کیا چوپٹ ہو گیا؟ بڑا افسوس ہے۔ میں یہاں سرکاری ملازمت میں ہوں ورنہ آپ کی اس یادگار کو یہاں سے نکالتا اور وہ کامیاب رہتی۔

اس امید میں خط بند کرتا ہوں کہ آپ جلد جواب لکھیں گے۔

ابن انشا

**

کراچی

۱۲ اگست ۵۶ء

جانِ عزیز، آدابِ محبت،

اپنی غفلت پر شرمندہ ہوں۔ آپ کو خط لکھنے کی کئی بار کوشش کی لیکن وہ عمل تک نہ پہنچی۔ کتاب آپ کی دو تین بار بڑھ چکا ہوں اور لطف لے چکا ہوں۔ میرے چھوٹے بھائی محمود ریاض نے پچھلے دنوں ایک ناول ''رحیلہ'' لکھا ہے۔ اس کی ابتدا اس نے آپ کے اشعار سے کی ہے۔

جب بھی گیت سنتا ہوں

شام کی ہواؤں کے

اسے وہ بہت پسند آئی ہے۔ اس نے سارا مجموعہ پڑھا ہے۔ اس سے پہلے وہ عموماً میرے شعر دیتا تھا۔ بھائی ہونے کے ناطے سے نہیں بلکہ اس کی سمجھ میں وہی آتے تھے۔ اس معاملے میں آپ میرے رقیب ہو گئے۔

رحیلہ کوئی ایسا اچھا ناول نہیں ورنہ آپ کو بھجواتا۔ وہ مقبول قسم کا ناول لکھتا ہے اور ایک سال میں چار پانچ لکھ چکا ہے۔۔۔۔۔۔۔ بازار کی حد تک کامیاب رہے ہیں۔

شعور میں آپ کا مضمون دیکھا۔ آپ کی تعریف کروں گا تو میری اپنی تعریف ہو جائے گی لہذا حسابِ دوستاں در دل۔ اس سے مجھے ایک گھاٹا رہا، میں آپ کے مجموعے پر نہیں لکھ سکتا۔ لوگ ستائشِ باہمی کا طعنہ دیں گے اور یہ طعنہ بچنے کی چیز ہے۔ مہرِ نیم روز میں تو آئے گا ہی، تخلیق میں خلیق ابراہیم خلیق سے لکھوا رہا ہوں۔ کیا تجنیسِ خطی پیدا ہوئی ہے۔

باقی سب خیریت ہے۔ ایک پرچہ نکالا ہے۔ نکالا کیا ہے نوکری کا بہانہ ہے۔ میں اس محکمے میں ریسرچ افسر ہوں اور ایڈیٹر بھی۔ اردو، بنگالی اور انگریزی تین پرچوں کا۔ اردو پرچہ محض دوستانہ ملاحظہ کے لئے پوسٹ کرا رہا ہوں۔

اور بھائی وہ اردو ادب مل گیا تھا اس کا بہت شکریہ۔

لو اب خط لکھو اور باز گو از نجد و از یارانِ نجد۔

ابن انشا

**

۵۷/۱/۲۲

جانِ من، رات کے ساڑھے نو بج رہے ہیں۔ بس یہ پیار کا خط اس اداس رنگ کاغذ پر تمہارے نام اپنے بستر میں بیٹھا لکھ رہا ہوں۔ جس روز تمہارا خط آیا ہے (اور اس میں کم نویسی کا شکوہ تھا) میں نے اسی روز ایر میل کا لفافہ منگا لیا تھا۔ خیال تھا بس بیٹھوں گا اور لمبا چوڑا جواب لکھوں گا، مگر تم جانو ہم اور ہمارے کام۔۔۔۔۔۔۔ آج شام گھر آ کر حسبِ معمول پوچھا کہ کوئی ڈاک تو نہیں۔ بھائی نے جواب دیا قومی زبان کا پرچہ آیا تھا۔ قومی زبان کا پہنچنا تم جانتے ہو کچھ ایسا اشتیاق افزا نہیں۔ بلکہ تمہارے ہماری زبان کے سامنے رکھنے سے معلوم ہوتا ہے کہ کسی زندہ ادارے کا آرگن ہے اور وہ کسی خانقاہ کا ترجمان۔ اب بات اپنی ڈگر سے ہٹی ہے تو ذرا تفصیل سے سن لو لیکن یہ سمجھ لو کہ بات زیادہ عام ہوئی یا اس کا کوئی حصہ تم نے اخبار میں چھاپ دیا یا ادھر کسی نے خط لکھ دیا تو اچھا نہ ہو گا۔ مولوی عبدالحق واقعی بابائے اردو ہیں اور کسی بھی ملک یا

قوم کے لئے سرمایہ نازش ہو سکتے ہیں لیکن یہاں پاکستان میں آنے کے بعد ان کی ساری امیدوں کے محل مسمار ہو چکے ہیں۔ وہ قائداعظم کی ایک بات پر تکیہ کر کے کہ اردو اس ملک کی قومی زبان ہوگی یہاں آ گئے تھے۔ حالانکہ وہ بات شرمندہ عمل ہو جاتی تب بھی مولوی صاحب کو کام کے لئے ہندوستان ہی میں رہنا چاہیئے تھا۔۔۔۔۔ لیکن اس بحث کو چھوڑو۔ یہاں ان کے رفقائے کار ہاشمی صاحب اور قاضی اختر میاں مرحوم تھے۔ دونوں بزرگ علمیت میں مانے ہوئے ہیں لیکن حقیقت یہ ہے کہ ہر دل عزیزی کسی کی قسمت میں نہ تھی۔ پھر آپس میں بھی ٹھنتی رہی۔ ہاشمی صاحب کامیاب ہوئے۔ قاضی اختر میاں سندھ یونیورسٹی میں ایک خدمت پر جانے پر مجبور ہوئے (یہ ان کے حق میں اچھا ہوا تھا) لیکن ہاشمی صاحب بھی زیادہ دن نہ ٹک سکے۔ تمنائی صاحب مولوی صاحب کے پرانے نیازمندوں میں تھے۔ یہاں انجمن کے پریس کے منیجر بنائے گئے۔ اردو کالج کے پرنسپل میجر آفتاب حسن تھے (اور ہیں)۔ اس دوران میں عین الدین رضوی نام کے ایک نوجوان جو مولوی صاحب کے منظور نظر ہیں انجمن میں آ گئے۔ ان کا کام زیادہ تر مولوی صاحب کی ذاتی خدمت تھا اور واقعی مولوی صاحب کو اس عمر میں دیکھ ریکھ کرنے والے ایک آدمی کی ضرورت ہے۔۔۔۔۔ یہاں سے فتنہ و فساد کا آغاز ہوا۔ وہ مولوی صاحب کی رائے بناتے اور

بگاڑتے ہیں۔ ہاشمی صاحب اور دوسرے بزرگوں نے خطرے کا الارم سن کر ان کو راہ سے ہٹانے کی کوشش کی لیکن کامیاب نہ ہوئے۔ پہلے ہاشمی صاحب معتوب ہو کر انجمن اور کراچی سے گئے، پھر تمنائی صاحب کو انجمن نکالا ملا۔ (بعض مالی معاملوں میں ان کی شہرت خراب ہوئی۔ میرے ذاتی طور پر گہرے دوست ہیں لیکن میں کسی الزام کی تردید نہیں کرتا) پریس کی منیجری پر حامد علی ندوی صاحب فائز ہوئے جو عین الدین رضوی صاحب کے بہنوئی ہیں (اسے محض حسن اتفاق سمجھا جائے) آخری معرکہ جو پڑا۔۔۔۔۔۔ اور ابھی کسی نتیجے کا ممنون نہیں ہوا۔۔۔۔۔۔۔۔ مولوی صاحب (آپ کی طبیعت میں شک ہے تو طوطی پس آئینہ عین الدین سلمہ کو سمجھ لیجئے) اور پرنسپل آفتاب حسن کے درمیان ہے۔ انجمن کے نظام میں سخت تناتنی اور ٹھنا ٹھنی رہتی ہے۔ اگر محاورے کا یہ استعمال غلط نہیں تو سمجھ لیجئے کہ انجمن کا پردہ خراب ہو رہا ہے۔ آفتاب حسن صاحب بڑے زوروں کے آدمی ہیں۔ یونیورسٹی میں ان کی چلتی ہے۔ باہر بھی وہ لوگوں کو ساتھ ملائے ہوئے ہیں۔ مولوی صاحب کا اس وقت کوئی دوست نہیں۔ یہ پیر فرتوت اب بھی بیٹھ کر آٹھ دس گھنٹے اپنی بساط سے زیادہ کام کرتا ہے لیکن بھائی ذاتی کام سے زیادہ ان کے کرنے کے کام قومی اور مجلسی ہیں۔ ایک بھی ڈھنگ کا رفیق انہیں میسر نہیں۔ علمی اور ادبی لحاظ سے انجمن سے عبارت محض

ان کی ذات ہے۔ بھائی خلیل الرحمٰن اعظمی یہ بہت بڑی ٹریجڈی ہے۔ مولوی صاحب کی طبیعت انسانی کوتاہیوں سے خالی نہیں۔ کاش وہ اپنی آنکھوں دیکھتے رہتے کانوں سب کچھ سنتے لیکن اس کاش سے کیا ہوتا ہے۔ میں سوچتا ہوں سر سید کے آخری ایام کی تاریخ دہرائی جا رہی ہے۔ لوگ کہتے ہیں اب خدا ان کے پردے رکھ لے لیکن میں کہتا ہوں نہیں ان کا دم غنیمت ہے۔ اب اس قوم کو، اس ملک کو جیسے کوئی گاندھی نہیں مل سکتا اسی طرح عبدالحق بھی نہیں مل سکتا۔

مولوی صاحب سے میرا تعلق ۱۹۵۲ء سے ہے۔ اس سال میں نے اردو کالج سے ایم۔اے پاس کیا۔ امتحانوں سے فارغ ہو کر میں نے ایک سلسلہ مضامین ڈان میں لکھا Living Writers of Urdu یہ سلسلہ بہت دنوں جاری رہا۔ پہلا مضمون قدرتاً مولوی صاحب پر تھا۔ یہ مضمون رسمی نہیں تھا کچھ عجیب سا مسخرہ پن لئے تھا۔ بہر حال مولوی صاحب کو وہ بہت پسند آیا اور انہوں نے مجھے ایک خط لکھا۔ میری زبان و بیان کی تعریف کی ملنے کی خواہش ظاہر کی۔ میں بدقسمت ان کے پیار سے محروم تھا۔۔۔۔۔۔ بہر حال گیا اور انہوں نے حد سے زیادہ توجہ اور عنایت سے نوازا اور برابر آنے کو کہا۔ میری پوزیشن یونیورسٹی میں پہلی تھی۔ ڈاکٹریٹ میں داخلہ لیا تو مولوی صاحب میرے ڈائرکٹر ہوئے۔ اتوار کی اتوار ان سے گپ ہونے لگی۔ باہر

آنے جانے میں بھی مجھے ساتھ لیتے۔ ہم سینما بھی ساتھ دیکھتے اور وقتِ پیری شباب کی باتیں بھی کرتے۔ ان سے اس قسم کی دوستی کا سلسلہ اب تک ہے۔۔۔۔۔۔۔۔

دو سال ادھر مولوی صاحب کی ڈاک کا کام بھی میں نے کرنا شروع کیا۔ جب فرصت تھی تو ڈھنگ سے لکھتا بھی تھا، اب فرسودہ اور بے جان ہے کیوں کہ وضع داری سے لکھتا ہوں۔ مولوی صاحب کے ہاں جانا بھی ہفتے سے پندرہ روز کا کام ہوا، جب سے اس نوکری میں آیا ہوں وقفے اور طویل ہو گئے ہیں۔ وہ براہِ عنایت بلا بھیجتے ہیں۔ لوگوں سے شکایت کرتے ہیں، مجھ پر خفا ہوتے ہیں کہ کیوں نہیں آتا۔ میں ایسی مکروہات میں گرفتار ہوں کہ عذر کرتا ہوں، پھر گناہ کرتا ہوں۔

افسوس کہ یہ پانچ صفحے جو ہماری باہمی محبت کے حصے کے تھے اس فضول قصے میں نکل گئے۔ خیر۔۔۔۔۔ ریاض نے بتایا کہ قومی زبان نکل رہا ہے۔ میں غافل رہا۔ تھوڑی دیر ہوئی ہماری زبان نظر آیا۔ میں نے اٹھایا تو تازہ پرچہ تھا۔ اس میں تمھارے شذرے اور ریویو پڑھے۔ اس میں خواجہ احمد فاروقی کا خط (اس کی سادگی) بھی پسند آیا۔ تمھیں ایک بات بھی لکھنی تھی اور وہ یہ کہ تم اپنے خلوص کی وجہ سے ان گنجے فرشتوں پر۔۔۔۔۔۔ جو تنقید کے میدان کے لندھور بن سعدان ہیں ہر لحاظ سے فائق ہو۔ ہر زمانہ اپنے شاعر اور تنقید نگار خود پیدا کرتا ہے۔ تم اس زمانے کے شاعر بھی ہو (اور

میں تم پر فخر کر سکتا ہوں) اور تنقید نگار بھی (یہاں صرف رشک ہے) ۔ تم بڑے آدمی بننے والے ہو۔ لکھتے رہو، پڑھتے رہو۔ سوچتے رہو اور لکھتے رہو۔ لیکن دیکھنا اپنا قلم کسی کے ہاتھ بیچنا نہیں ۔ تم میں ایک بڑی خوبی تمھاری سیر چشمی ہے ۔ اپنے ہم عصروں کے متعلق (میں تو خیر اس سے زیادہ تمھارا دوست بھی ہوں) تمھارا محبت اور اپنایت کا رویہ مجھے بہت پسند ہے ۔ جانِ من تم بہت پیارے آدمی ہو۔

میرا حال سنو۔ ہر دوجہاں کا دھتکارا ہوا نکما آدمی ہوں ۔ دوست کوئی نہیں کہ چاند کے تمنائی والی راتوں میں ابتدائے سرما کی چاندنی میں اس لاکھوں کے شہر کی گلیوں میں ساتھ گھوم سکے ۔ تمھیں اپنی نامرادی (جذباتی) کا قصہ سنانے کو جی چاہا۔ پھر یاد آیا۔ ۔ ۔ ۔ ۔ ۔ آہ نہ کر لبوں کو سی ۔ ۔ ۔ ۔ ۔ عشق ہے دل لگی نہیں۔ سو میرے پیارے ۔ ۔ ۔ ۔ ۔ ۔ اب کے بھی تم میرا حال پوچھنے کے جتن نہ کرنا۔ ۱۰ ستمبر کی رات جب روح کا دیپ بجھ رہا تھا۔ آخری شعر یہ کہے تھے ۔

اب ہم کو اجازت کہ ہوا وقت ہمارا
محفل سے کریں اہلِ محبت تو کنارا
اس گھر کے الٰہی در و دیوار سلامت

اس گھر میں کیا تیس برس ہم نے گزارا
انشا کو مری جان بہت یاد کرو گی
جاتا ہے فقط دل پہ لیے داغ تمھارا
کہے نہیں تھے۔ وفورِ جذبات میں بے اختیار زبان پر آ گئے تھے۔
اس قصے پر خاک۔ ایک دو نظمیں سنو۔

ایک دل آشوب

یوں کہنے کو راہیں ملک وفا کی اجال گیا
اک دھند ملی جس راہ میں پیکِ خیال گیا
پھر چاند ہمیں اسی رات کی گود میں ڈال گیا
ہم شہر میں ٹھہریں ایسا تو جی کا روگ نہیں
اور بن بھی ہیں سونے، ان میں بھی ہم سے لوگ نہیں
اور کوچے کو تیرے، لوٹنے کا تو سوال گیا
ترے لطف و عطا کی دھوم سہی محفل محفل

اک شخص تھا انشا نام محبت میں کامل
یہ شخص یہاں پامال رہا، پامال گیا
ترے درد نے چھوڑا زار و نزار و خراب اسے
پر عشق و وفا کے یاد رہے آداب اسے
ترا نام و مقام جو پوچھا ہنس کر ٹال گیا
اک سال گیا، اک سال نیا ہے آنے کو
پر وقت کی بھی اب ہوش نہیں دیوانے کو
دل ہاتھ سے اس کے وحشی ہرن کی مثال گیا
اب محفلیں، کوچے، منزلیں راہیں سونی ہیں
اور دوستوں کی مانوس نگاہیں سونی ہیں
پر تو جو گیا ہر بات کا جی سے ملال گیا
ہم اہلِ وفا رنجور سہی، مجبور نہیں
اور شہرِ وفا سے دشتِ جنوں کچھ دور نہیں
ہم خوش نہ سہی پر تیرے تو سر کا وبال گیا
(دیکھیں تم کب خط لکھتے ہو)

یہ باتیں جھوٹی باتیں ہیں

یہ باتیں جھوٹی باتیں ہیں، یہ لوگوں نے پھیلائی ہیں
تم انشا جی کا نام نہ لو، کیا انشا جی سودائی ہیں
ہیں لاکھوں روگ زمانے میں، کیوں عشق ہے رسوا بیچارا
ہیں اور بھی وجہیں وحشت کی، انسان کو رکھتیں دکھیارا
ہاں بے کل بے کل رہتا ہے، ہر پیت میں جس نے جی ہارا
پر شام سے لے کر صبح تلک، یوں کون پھرے گا آوارا
یہ باتیں جھوٹی باتیں ہیں، یہ لوگوں نے پھیلائی ہیں
تم انشا جی کا نام نہ لو، کیا انشا جی سودائی ہیں؟

(لوگ آ کر کہتے ہیں کہ انشا کا یہ حال عشق کی وجہ سے ہے۔ جیسے عشق کے علاوہ اور کوئی روگ وجہ آوارگی نہیں ہو سکتا۔)

یہ باتیں عجیب سناتے ہو وہ جینے سے بے آس ہوئے
اک نام سنا اور غش کھایا، اک ذکر پہ آپ اداس ہوئے

وہ علم میں افلاطون سنو، وہ شعر میں تلسی داس ہوئے

وہ کالج والج چھوڑ چکے، وہ بی اے، ایم اے پاس ہوئے

یہ باتیں جھوٹی باتیں ہیں، یہ لوگوں نے پھیلائی ہیں

تم انشا جی کا نام نہ لو، کیا انشا جی سودائی ہیں؟

(پھر انشا جیسے پڑھے لکھے بہلول دانا پر ایسی وارستگی کی تہمت)

گر عشق کیا ہے تب کیا ہے، کیوں شاد نہیں، آباد نہیں

جو جان لئے بن ٹل نہ سکے، یہ ایسی تو افتاد نہیں

کیا ہجر کا دارو عنقا ہے؟ کیا وصل کے نسخے یاد نہیں؟

یہ بات تو تم بھی مانو گے، وہ قیس نہیں فرہاد نہیں

یہ باتیں------

(خیر اگر یہ سچ بھی ہے ?then what)

وہ لڑکی اچھی لڑکی ہے، تم نام نہ لو ہم جان گئے

وہ جس کے لانبے گیسو ہیں، پہچان گئے پہچان گئے

ہاں ساتھ ہمارے انشا بھی، اس گھر میں تھے مہمان گئے

پر اس سے تو کچھ بات نہ کی، انجان رہے انجان گئے

یہ باتیں۔۔۔۔۔۔۔

تم انشا جی کا نام نہ لو۔۔۔

(ارے یہ بات ہے لیکن بھائی اس لڑکی کے پیچھے یہ وحشت ؟ بات جچتی نہیں)

جو ہم سے کہو ہم کرتے ہیں، کیا انشا کو سمجھانا ہے ؟

اس لڑکی سے بھی کہہ لیں گے، گو اب کچھ اور زمانہ ہے

یا چھوڑیں یا تکمیل کریں، یہ عشق ہے یا افسانا ہے

یہ کیسا گورکھ دھندا ہے، یہ کیسا تانا بانا ہے

یہ باتیں کیسی باتیں ہیں، جو لوگوں نے پھیلائی ہیں

تم انشا جی کا نام نہ لو، کیا انشا جی سودائی ہیں ؟

(پھر بھی تمھاری اور اپنے دوست انشا کی خاطر ہم کشادکی ہر کوشش کے لئے تیار ہیں

؟ لیکن ایسی انہونی بات جی مانتا اب بھی نہیں)

بندو خان، وہ یگانہ روزگار سارنگی نواز منع کرنے کے باوجود اپنی پھٹی آواز میں کچھ نہ کچھ بیچ بیچ میں کہے جاتا تھا۔ میں نے حاشیے کچھ اسی طرح لکھے ہیں۔

بھائی اعظمی اب تک ہوئے چاند نگر اور الڈوریڈو کی تلاش میں اس نائٹ کی طرح سر گرداں ہوں۔ اب کوئی کتاب پڑھوں گا۔ سوؤں گا ڈیڑھ بجے۔ ہائے ہائے ہائے۔ اچھا میاں سستا لے۔ یہ میں تم سے نہیں دل سے کہہ رہا ہوں۔ سستا لے، اور سستا لے۔ وہ شخص چند روز اور ہے۔ پھر تو اس کا چہرہ نہ دیکھے گا۔ اس کی کھنکتی آواز بھی نہ سنے گا۔ بارِالٰہا تو نے میری چیز دوسرے کو دے دی۔ تو نے دیکھی ہے وہ پیشانی، وہ رخسار، وہ ہونٹ۔

زندگی جس کے تصور میں لٹا دی ہم نے

یہ بات نہ اعظمی سے ہے نہ دل سے نہ اپنے آپ سے۔ اس سے آگے کچھ کہنا لکھنا غلط۔

ابن انشا

**

۔ کراچی

۲۳ اپریل ۱۹۵۷ء

جانِ من، آداب

آپ کا ہماری زبان دیکھا۔ بھائی لوگوں نے تمھاری جوگت بنانے کی کوشش کی ہے اسے بھی دیکھا۔ بھائی تم دیوانگی ہمیشہ کروگے تو لوگ اینٹ توماریں گے۔ اپنے ایک دوست کا شعر سن لو۔

کیا ہوا خشت اٹھا دے ماری، یا سرِ دامن نوچ لیا
تم تو دوانے اس کے بہانے ہو چلے برہم لوگوں سے

ہاں ہماری زبان کے کرتا دھرتا لوگوں کی مصلحت اندیشی ''صلح کلیت'' کے پردے میں تم پر تحدیدیں عاید کرنا چاہے تو دوسری بات ہے۔ نتیجہ یہ ہوگا کہ پرچہ پھر زندہ اور فعال آرگن ہونے کی بجائے ایک رسمی خبر نامہ رہ جائے گا۔ اس ہفتے سے اس میں بھرتی کا احساس ہونے لگا ہے۔ خیر چلو تمھارا قلم سلامت رہے، ملکِ خدا تنگ نیست۔

اردو اکیڈمی سندھ یہاں کا مشہور ادبی ادارہ ہے۔ اس کے مالک علاء الدین خالد میرے دوست ہیں، گہرے دوست۔ دہلی کا حالی بک ڈپو انھیں کا تھا۔ شاہراہ بھی انھیں نے جاری کیا تھا۔ بہرحال یہ تو بسبیلِ تعارف ہے۔ پاکستان کے یہ چند بزرگ ترین

پبلشروں میں سے ہیں۔ ابھی دو منٹ پہلے مجھ سے بات کر رہے تھے کہ انتخاب چھاپنے ہیں۔ آتش کے لئے نہ معلوم ان کے ذہن میں کون سے نام تھے۔ میں نے تمھارا نام لیا اور بتایا کہ اعظمی نے اس خصوص میں کام کیا ہے اور اس کے ذوق کا میں ذمہ دار ہوں تو انھوں نے فوراً کاغذ قلم دے کر کہا کہ ابھی خط لکھو۔ مجھے خیال ہے کہ تم نے آتش کا انتخاب کیا ہے، اسے فوراً بھیج دو۔ رائلٹی جو تمھارا حق ہے تمھیں ہندوستان میں بیٹھے بٹھائے مل جائے گی۔ مجھ پر انھوں نے میر کے انتخاب کا بار ڈالا تھا۔ دو سال سے اعلان بھی کر رکھا ہے لیکن میں جانتا ہوں کہ میں اس کا اہل نہیں۔ یہ کام بھی تم کرتے ہو؟ ہم ایک جگہ ہوتے تو مل کر کرتے، اب یہ ممکن نہیں۔ میر کو ہاتھ ڈالتے ڈر معلوم ہوتا ہے۔ اس وقت فوری مسئلہ آتش کا ہے۔ فوراً خط لکھو۔ وہ ہمارے دوست ہونے کے ناطے تمھارے بھی دوست ہوئے۔ اس لئے چاہو تو علاء الدین خالد اردو اکیڈمی سندھ کراچی کے پتے پر براہ راست بھی خط لکھ سکتے ہو۔ تمھاری فکر و فن مجھے نہیں ملی بھیجو۔

اور کیا لکھوں۔ میں عجیب افسردگی اور بیچارگی کے عالم میں ہوں۔ اس افسردگی، آزردگی اور بیچارگی کی داستان سنانے کا ابھی وقت نہیں آیا۔ آنے والا ہے۔ بس تم دوست رہو۔ دوستی نبھائے جاؤ۔ پھل پاؤ گے۔

تمھارا اپنا

ابن انشا

**

کراچی

۵ ستمبر ۱۹۵۷ء

پیارے خلیل،

فرصت کی تلاش میں رہا تو تمھیں خط کبھی نہ لکھ پاؤں گا۔ علی الصبح کاروبار زندگی شروع کرنے سے پہلے یہ چند لفظ یا لفظیں تمھیں لکھ رہا ہوں۔ تمھاری یاد اکثر نہیں ہر روز آتی ہے۔ تم یہاں ہوتے تو ہم دونوں مل کر بہت کام کرتے۔ ایک سا سوچنے سمجھنے والے دوست کہاں ملتے ہیں۔ پچھلے دنوں غالباً شاہد مہدی کا لکھا ہوا تمھارا اسکیچ مقامی پرچے تجلی میں پڑھا۔ (انھوں نے علی گڑھ کی سبھی شخصیتوں پر لکھا ہے) مزا آ گیا۔ تمھارے انشا کا ہنجار بھی کچھ ایسا ہی ہے۔ اوقات بھی چنداں مختلف نہیں۔ کالج اور

یونیورسٹی کی زندگی چھٹ جانے کا البتہ افسوس ہے اور سینہ چاکوں سے جاملنے کا مستقبل قریب میں کوئی امکان نظر نہیں آتا۔

میں تمھیں کیا لکھوں۔ کیا ارمغاں بھیجوں۔ تم پاکستان نہیں آسکتے؟ تمھاری کتاب کے سلسلے میں پبلشر سے میں نے بات کی تھی۔ اس بھلے مانس نے تمھارا خط لے کر رکھ لیا کہ آج ہی جواب دوں گا۔ اس بات کو اب کئی دن ہوئے ہیں۔ نہ جانے جواب دیا ہے یا نہیں دیا ہے۔ تم یہ نہیں کرتے کہ مقدمے کی (اگر لکھا ہے) ایک نقل مجھے بھجوا دو تاکہ فائنل گفتگو میں آسانی رہے اور مجھے عندیہ بھی بتا دو کہ کتنے پیسوں تک بات کر لینی چاہیے۔ ہندوستان میں ادائیگی کا مسئلہ اتنا سیدھا نہیں لیکن ممکن ہے۔ یوں کرو ذرا علاء الدین خالد اردو اکیڈمی سندھ، مولوی مسافر خانہ کراچی کے پتے پر ایک خط میرے حوالے سے لکھ دو۔ یہ بات جلد ہو جانی چاہیئے۔

میں نے ایک زمانے میں نہایت محنت اور دلسوزی سے چینی نظمیں ترجمہ کی تھیں۔ پوری کتاب ہو گئی تھی جس کا مسودہ پانچ چھ سال سے لاہور کے ایک پبلشر کے پاس ہے۔ وہی پبلشر جو ناصر کی ''برگِ نے'' کا ناشر ہے۔ مجھے اس تعویق سے بہت کوفت ہوتی ہے۔ نظمیں بہت میٹھی ہیں تمھیں بھیجوں گا۔

فکر و فن ایک دوست لے گئے تھے۔ مل گئی ہے۔ میں نے بمجرد موصول ہونے کے پڑھ لی تھی اور مجھے بہت پسند آئی۔ اور ہاں شہاب جعفری صاحب کا ایک مضمون اس ماہ کے (غالباً مہر نیم روز) میں دیکھا۔ چھوڑو بھی۔ ان لوگوں کی بہت پٹائی ہو گئی۔ ان مسلم الثبوت استادوں کے مقابلے میں تم یا تمھارے دوست میرا نام لاتے ہیں تو شرمندگی ہوتی ہے۔ یوں تو ہر چہ از دوست آید نکوست لیکن۔

تمھارا

ابن انشا

**

۵۷/۹/۲۵

میری جان خلیل۔ تمھارا خط ملا۔ خوشی تو ہوئی لیکن احساس تنہائی اور بڑھ گیا۔ ساری نظمیں، غزلیں، لکھی ہوئی، لکھی جانے والی یاد آنے لگیں۔

اف یہ اجاڑ اجاڑ سی راتیں جورت کی وہی اپنی بھی کایا

شام و سحر ہم اپنی ہی غزلیں پڑھا کیے اور جی کو دکھایا

مثلاً

کب تک دامن تھام سکیں گے جھوٹے آنسو میٹھے بول
دور کی سوچیں سوچ کے راہی، اٹھ اور اپنی راہ ٹٹول

مثلاً

جھوٹی سچی مجبوری پر لال دلہن نے کھینچا ہات
باجے گاجے بجتے رہے پر لوٹ گئی ساجن کی برات
سکھیوں نے اتنا بھی نہ دیکھا، ٹوٹ گئے کیا کیا سنجوگ
ڈھولک پر چاندی کے چوڑے چھنکانے میں کاٹی رات
بھاری پردے کے پیچھے کو چھایا کو معلوم کہاں؟
آج سے بیگانہ ہوتا ہے کس کا دامن کس کا ہات
میلے آنسو، ڈھلکے جھومر، اجلی چادر، سونی سیج
او شادیوی دیکھ رہی ہو کس کی محبت کی سوغات
انشا جی اک بات جو پوچھیں، تم نے کسی سے عشق کیا ہے؟
ہم بھی تو سمجھیں، ہم بھی تو جانیں، عشق میں ایسا کیا ہوتا ہے
لوگ ذرا سی بات کے پیچھے عمر کے روگ لگا لیتے ہیں
مفت میں جان گنوا لیتے ہیں، ہم نے تو ایسا سن رکھا ہے

نام و مقام ہمیں بتلائیں، آپ نہ اپنے جی کو دکھائیں
ہم ابھی مشکلیں باندھ کے لائیں، کون وہ ایسی ماہ لقا ہے
ناحق کو ہم دل کی باتیں لب پر لا کر خوار کریں
دل کے داغ شمار کریں اور دن میں سو سو بار کریں
ہم ہیں کون گنوں کے مالک، لوگ جو ہم سے پیار کریں

لیکن اس حکایۂ غم کو بڑھانے کا فائدہ۔ یہ سبھی شعر بے معنی ہیں۔ بے مطلب ہیں۔ تیس برس ہو گئے، اکتیسواں قریب الختم ہے۔ یہ پچھلی تیس خزاؤں کے زرد پتے ہیں۔ اچھا ہوا تم نے وقت کو تھام لیا، شادی کر لی۔ اب تم ہم حرماں نصیبوں کو کچھ ان کے لئے چھوڑ دو۔ ہمیں ابھی زندگی کے ویرانے میں کچھ دن بھٹکنا ہے۔ کچھ دن یا بہت دن۔ اپنی اٹھائیسویں برس والی نظم میں ہم نے لکھا تھا۔

جس صورت کے پیچھے بھاگے ہاتھ نہ آئی خواب بنی
یا ساگر کی تہہ کا موتی، یا بنتِ مہتاب بنی
ہاں نظموں کی کھیپ سے اچھی خاصی ایک کتاب بنی
میری جان، میری جان افسردہ دل افسردہ کند انجمنے را۔ لیکن
یہ تو سچ ہے نہ کچھ بات جی کی بنی، سونی راتوں میں دیکھا کئے چاندنی

پر یہ سودا ہے ہم کو پرانا سجن، اور جینے کا ہم کو بہانہ سجن

ہم نہیں تم نے جی کی مراد پالی۔ تم بھی بیگانے نہیں ہو۔ ہماری روح کا حصہ ہو۔ شادی کیوں کی، کیسے کی یہ بھی تو لکھو۔ یونیورسٹی کی کسی رفیقہ سے کی۔ میں احتیاطاً نام نہیں لیتا لیکن تمھاری کے شاید نام یا تحریر سے میں شناسا ہوں۔ علی گڑھ میگزین میں تصویر بھی دیکھی ہوگی۔ دیکھو کتنی احتیاط سے کام لے رہا ہوں۔ اسی احتیاط 'عشق' نے تو مارا۔

ابھی ابھی تمھارے حلقۂ دوستاں کے ایک رکن انجم اعظمی صاحب آئے تھے۔ یہاں ریڈیو میں نوکر ہو گئے ہیں۔ ان سے بھی تمھارا ذکر رہا۔ میری جان یہاں یونیورسٹی میں لکچرر کی ایک جگہ نکلی ہے۔ تنخواہ وہی ۳۵۰/- سے شروع ہوتی ہے۔ لیکن مجھے معلوم ہے تم نہیں آؤ گے اور اپنی ذاتی محبت سے قطع نظر میں تمھیں تمھارے ماحول اور علی گڑھ سے جدا نہیں کرنا چاہتا۔ انجم سے معلوم ہوا کہ تمھارا رہنے کا ٹھکانہ آنند بھون بہت خوبصورت ہے۔ اچھی بات ہے۔ اچھی بات ہے۔

تم دور رہو نزدیک رہو، کچھ تم سے نہیں کہنا ہم کو
بے وجہ بھی اکثر دل اپنا مغموم و پریشاں ہوتا ہے

باقی رہا ڈاکٹریٹ کا۔ یہ بھی اچھا ہوا برا نہ ہوا۔ لیکن دیکھو ڈاکٹر نہ رہنا، خلیل رہنا۔ قطرہ تا مے می تواند شد چرا گوہر شد۔ اپنی شاعری کو ثانوی حیثیت نہ دینا۔ شاعری کرو اور بھرپور شاعری کرو۔ چاند نگر کے دیباچے کے پہلے پیرے میں اسکوائر صاحب کا ذکر ہے۔ تم اسکوائر بھی بنو یولیسس بھی رہو۔ اگر تمھاری رفیقہ محض بیوی نہیں بلکہ رفیقہ ہے تو یولیسس بننے میں مد ہوگی۔ رکاوٹ نہیں بنے گی۔ تنقید کے تم بادشاہ ہو، ہم نے مان لیا۔ اور اس کی اہمیت سے بھی انکار نہیں لیکن 'وقت خوش کردن' سے بھی غافل نہ ہونا۔ میں برنرڈ شا کا مرید ہوں جس نے لکھا تھا کہ ''میں ساری انسائیکلوپیڈیا برٹینکا لکھنے کی بہ نسبت 'ایلس ان ونڈرلینڈ' کا مصنف ہونا زیادہ پسند کروں گا۔''

لو ہم نے تمھیں عقل کی کتنی باتیں بتا دیں۔ شکریہ ادا کرو۔

کتاب اندھا کنواں تمھارے لئے مدت کی رکھی ہے۔ آج بھیج دی ہے۔ شاعری کا دفتر بہت دنوں سے ٹھپ تھا۔ تمھارا یہ خط آنے سے کھلا۔ گویا تمھارا نامہ آنا مبارک ہوا۔ دیکھو میاں خلیل۔ تم اپنے جی کی عشرتوں سے مجبور ہو گے۔ لیکن چو با جیب نشینی۔۔۔۔۔۔۔ ہم مریضان بادہ پیما کو یاد رکھنا۔

یہ اہلِ دل کی محفل ہے۔ اس میں آتش کے انتخاب کے ذکر کی گنجائش نہیں۔ اس کا حال معلوم کر کے الگ لکھوں گا۔ لیکن تم خط لکھتے ہو کہ نہیں؟

تمھارا

ابن انشا

چاند نگر کی طبع دوم کی نوبت آ گئی ہے۔ اگر ہندوستان میں کوئی ہندوستانی ایڈیشن چھاپنے پر آمادہ ہو تو اس کے حقوق قبول کرو۔ دوسرا مجموعہ بھی چھ مہینے میں آیا سمجھو۔

**

۱۷. دسمبر ۵۷ء

جان عزیز۔

تمھیں خط لکھنا محض رسمی بات تو ہوتی نہیں۔ اس کے لئے فرصت اور سکون کی تلاش رہتی ہے تاکہ دل کی باتیں کہی جائیں۔ تازہ کہی ہوئی بیتیں بھیجی جائیں۔ سو تم جانتے ہو آج کل عنقا تو ایک چھوڑ جوڑا مل جاتا ہے سکون نہیں ملتا۔ اس وقت میں ایک عجیب سے زنداں میں بندھا بیٹھا ہوں۔ سوچتا ہوں تمھیں خط لکھوں۔

پیارے اعظمی تم سے دل کی وارداتیں کیا کہوں۔ یہ باتیں تم جانتے ہو کہنے کی نہیں ہوتیں۔ تمھیں معلوم ہے۔۔۔۔۔ تم نے میری نظموں سے دیکھا ہوگا کہ میری طبیعت کو جنوں سے کس قدر مناسبت ہے۔ وحشت۔ سپردگی۔ ربودگی۔۔۔۔۔۔۔

یہ میری زندگی ہیں۔ آج کل کا احوال بھی کچھ اس قسم کا ہے۔ بلکہ زندگی کے موڑ اور تیبر ہو گئے۔ تمھیں اپنی تازہ نظموں میں سے ایک بھیجتا ہوں۔ اگلی بار ایک اور نظم بھیجوں گا۔ کہانی کہنے کو جی چاہتا ہے لیکن تمھارے ہمارے درمیان زمان و مکان کے کتنے نامہ بر ہیں اور مجھے ہر نامہ بر سے خوف آتا ہے۔ پہلے خیال تھا ایشیائی ادیبوں کی کانفرنس میں جانا ہو گا لیکن حالات کی زنجیریں جانے نہیں دیتیں۔ وہاں تم سے ملاقات ہوتی۔ نئی دلی کی سڑکوں پر چاندنی راتوں میں دو دن گھومتے۔ اے روسیاہ تجھ سے تو یہ بھی نہ ہو سکا۔

میں صاحبِ تبصرہ نظیر صدیقی صاحب کو نہیں جانتا۔ یونس احمد بتاتے ہیں کہ ڈھاکے میں (یا بنگال میں کہیں اور) اردو کے لکچرر ہیں۔ انھوں نے مزاج کا اشتراک خوب تلاش کیا لیکن موازنے میں زیادتیاں کر گئے۔ موازنے نہیں کرنے چاہئیں۔

صفحہ الٹا ہے تو موضوع ہی کیوں نہ بدل دوں اور پھر تمھیں افسردہ دل کرنے سے فائدہ؟ بہر حال اپنا شعار کسی کا یہ قول ہے۔

Live fast, die young and leave a good looking crop behind.

کبھی ملو تو تمھیں بتاؤں کہ اس سال ۱۰ ستمبر کی رات میرے ساتھ کیا گزری۔ یہ ایک اتفاق ہی ہے کہ ۱۱ کی صبح کے اخبار میں میری حسرت ناک جوانا مرگی کی کوئی خبر نہ

چھپی۔ میں بچ گیا لیکن بچا نہیں۔ میرے اعصاب اب عمر بھر اس صدمے کی یاد میں تنے رہیں گے۔ تمھیں پریشان کرنے کی معافی چاہتا ہوں لیکن بات کہنے کی نہیں۔ ساری کہانی ایک نظم میں مل جائے گی جو زیر تحریر ہے۔

اور اب مجھے جانا ہے۔ کل یہ خط مکمل ہو گا۔

جان من، کل اس خط پہ توجہ نہ کر سکا۔ آج بھی اتنی مہلت نہیں کہ اور لکھوں یا پہلا پڑھ سکوں۔ آج ساقی میں تمھاری کتاب پر ریویو آیا ہے۔ بھیج رہا ہوں۔ پاک سر زمین دونوں پرچے پہنچ رہے ہیں۔ فکر و فن بھیجو اور خط لکھو۔

میرا ارادہ اس خط کے ساتھ کم از کم ایک نظم بھیجنے کا تھا۔ وہ بھی پھر سہی۔ بس خط لکھو۔ محمود ریاض سے کتاب کے لئے بھی کہہ دوں گا۔ کنور صاحب کو سلام۔ میں ان کا غائبانہ مداح ہوں۔

تمھارا

ابن انشا

**

۵/۵ جہانگیر روڈ کراچی ۵

۹ جون ۱۹۵۸ء

پیارے خلیل

اگر تان آ کر تغافل اور بے مہری پر ٹوٹنی تھی تو دوستی اور محبت بڑھانے کی کیا ضرورت تھی۔ اب یہ ہے کہ میں خط لکھتا ہوں تم چپ ہو رہتے ہو۔ یہ ہمارے شہر کی رسم نہیں ہے۔ اب لگائی ہے تو نبھاؤ۔ جی نہ چاہے تب بھی نبھاؤ۔

ایک پرچے میں تمھاری نظم دیکھی تھی رشّی کے نام۔ دیکھ کر جلا تو فوراً لکھنا شروع کیا۔

تم رشّی ہو تم جانتی ہو، اک دوست خلیل ہمارا تھا

بڑا پیارا تھا، بڑا نیارا تھا، ہمیں دور سے دیکھو پکارا تھا

تین چار مصرعے اور ہو گئے تھے، پھر وہ کاغذ کا پرزہ نہ جانے کہاں گیا۔ بہر حال رشک تو ہوتا ہے۔ چلو تمھارے رشّی سے نہ سہی لیکن شاذ تمکنت کے نام تمھاری نظم دیکھ کر تو ایسا جلا کہ اب تک دھواں اٹھ رہا ہے۔ مجھے وہ شاعر پسند ہے اور بہت پسند ہے۔ ذاتی طور پر اسے میں نہیں جانتا یقیناً تمھارا دوست ہو گا لیکن بات کہنے کہ نہیں۔

اچھا یہ شکوے شکایت ہو لئے۔ اب خط لکھتے ہو کہ نہیں؟ میں بڑی مصیبتوں میں الجھا ہوا ہوں۔ قضیہ وہی مولوی عبدالحق صاحب کا ہے۔

یاد آیا کل میری سالگرہ ہے۔ ۳۲ سال پورے ہو جائیں گے۔ بے برگ و گیاہ۔ خشک بیکار ۳۲ سال۔ بے پناہ احساسِ زیاں ہے۔ اے پیارے لوگو تم دور کیوں ہو۔ تمھارا پتہ بھی بھول گیا۔ اٹکل پچو لکھ رہا ہوں۔

بڑے بڑے پہاڑوں سے مقابلہ رہا اور اب تک ہے۔ تمھیں یاد ہو گا مدت ہوئی میں نے ایک خط تمھیں لکھا تھا اس میں کچھ احوال تھا۔ پوری تفصیل پھر کبھی۔ حریفوں نے ہمارے مولوی صاحب کو اتنی اذیت دی ہے کہ ان کو اگر دس سال جینا تھا تو دو سال جئیں گے۔ غضب خدا کا ان کی لائبریری تک سے نکال رکھا ہے۔ مولوی صاحب کی طبیعت میں اگر کوئی نقص کی بات ہے تب بھی ان کی خدمات، عمر اور عظمت کو دیکھتے ہوئے ایسا کرنا سخت زیادتی ہے۔ بہر حال ہمیں اس حمایت کے لئے لاکھوں کے بول سہنے پڑے۔ کتنی ہی دوستیوں سے ہاتھ دھونا پڑا۔ کتنے ہی ہر قسم کے نقصان اٹھائے۔ لیکن اس دل میں ہر اک داغ ہے جز داغِ ندامت۔۔۔۔۔۔۔۔۔۔۔ اور تم تو گواہ ہو میں اندھا عقیدت مند نہیں ہوں۔ کچھ سوچ کر ہی مناسب سمجھ کر ہی کرتا ہوں۔ لیکن اس قصے کو چھوڑو، تمھیں اس سے کیا مطلب؟

سنا ہے تم ڈاکٹر ہو گئے۔ جگ جگ جیو۔ لیکن دیکھو تم مصنف ہو، شاعر ہو، تمھارا کام لکھنا ہے۔ لکھ کر نام اور مقام پیدا کرو، کسی اور چکر میں نہ پڑنا۔

شہاب جعفری کا خط آیا تھا۔ کہیں کھویا گیا پتے سمیت۔ اب وہ مجھے بد اخلاق کہیں گے۔ میں تردید بھی نہ کر سکوں گا۔ والسلام

تمھارا

ابن انشا

**

پیارے خلیل۔

کہاں کھو گئے تم کہاں کھو گئے۔

مجھے یاد پڑتا ہے تمھیں کوڑیوں خط لکھ چکا ہوں۔ کوڑیوں تو خیر مبالغہ ہے، درجنوں اگر اس پر بھی یقین نہ آئے تو تمھاری قسم ایک دو تو ضرور لکھے ہیں جو نا مستجاب رہے۔ مانا کہ زندگی کی عشرتیں خوب ہیں لیکن چاند نگر کے دیباچے کا پہلا پیرا یاد رکھو۔ اسکوائر بن کے نہ رہ جانا۔ تمھارے لئے بطور شاعر خطرے کے دو مقامات ہیں۔ یہ تاہل کا مقام تو خیر مبارک ہے اور میں واقعی سوچتا ہوں کہ اچھی بیوی کے ہوتے ہوئے حسرت و ماتم کی شاعری کی کیا ضرورت ہے (اور حسرت و ماتم کے بغیر شاعری میرے نزدیک ممکن نہیں) لیکن اگر تنقید نے تمھاری شاعری پر چھاپا مارا تو ٹریجڈی ہو

گی۔ اگر روح کا احساسِ ناتمامی بالکل فنا ہو جائے تو تخلیق کی امنگ جاتی رہتی ہے۔ معلوم نہیں تم کس عالم میں ہو اور تم پر کیا گزرتی ہے۔ کچھ منھ سے بولو، سر سے کھیلو۔ آج کل لکھنا یہاں بھی القط ہے۔ ہاں پڑھنا جاری ہے اور پاکستان میں کیا نئے سے نیا اچھے سے اچھا پرچہ نکلتا ہے۔ عابد علی عابد کا صحیفہ دیکھا؟ اس میں ایک تو قاضی عبدالودود کی تنقید ہے، گارساں دتاسی کی تاریخ ہندوی و ہندوستانی پر۔ دوسرے ڈاکٹر محمد صادق کا مضمون ہے، ''آزاد کی حمایت میں''۔ ڈاکٹر محمد صادق بھائی ہیں رفیق خاور اور تصدق حسین خالد کے۔ انھوں نے ڈاکٹریٹ آزاد پر لی تھی۔ ہوا یہ کہ لاہور میں ان لوگوں کو (بیس برس پہلے) ایک ایسا مکان ملا جس کا ایک کمرہ بند پڑا تھا۔ اس میں کچھ الماریاں تھیں جن میں بوسیدہ کاغذ بھرے تھے۔ یہ آزاد کے مسودے تھے۔ ان سے بڑے بڑے انکشافات ہوئے۔ یہیں سے پتہ چلا کہ شاگرد نے استاد کو کیا کیا اصلاحیں دی ہیں۔ اور دیوانِ ذوق میں کتنا کلام آزاد کا ہے۔ آبِ حیات کے بعض مآخذ بھی یہیں ہاتھ آئے۔ صحیفہ میں اب کے آزاد کے چار ہمعصروں کے خطوط چھپے ہیں جن سے معلوم ہوتا ہے کہ آزاد نے اپنی طرف سے طوطا مینا نہیں اڑائے بلکہ غالب وغیرہ کے متعلق اگر کچھ مخالف data ہے تو اسے tone down کیا ہے خصوصاً ذکاء اللہ نے غالب کو خوب ملاحیاں سنائی ہیں۔

گذشتہ ماہ (دسمبر) کے ماہ نو میں بھی انہی ڈاکٹر صاحب کا مضمون آزاد کے سفر ایران کے متعلق ہے۔ یہ انٹیلیجنس کے مشن پر گئے تھے اور اسی کے ثبوت میں ایک دستاویز مضمون مندرج ہے۔

پرسوں اردو اکیڈمی سندھ سے علاء الدین خالد کا فون آیا تھا۔ انھوں نے بس یہی کہا کہ میں نے خلیل صاحب کو خط لکھا ہے اور معاوضے کے متعلق یہ پیش کش کی ہے کہ کوئی مسافر ہندوستان سے وارد پاکستان ہو تو یہاں کے خرچ کے لئے روپیہ لے لے اور تمھیں وہاں ادائیگی کر دے۔ اب تم یہ دیکھ لو کہ تمھیں یہ منظور ہے کہ نہیں۔ اگر نہیں تو مسودے کی واپسی کے لئے ان کو بھی لکھ دو، مجھے بھی۔

یہ لارک پبلشرز میرے سب سے چھوٹے بھائی کا ہے۔ اس سے بڑے اور مجھ سے چھوٹے نے جن کا نام نامی سردار محمود ہے لاہور میں لاہور اکیڈمی قائم کی ہے جہاں سے صرف اچھی کتابیں چھپیں گی۔ کچھ شعری مجموعے، کچھ تنقیدی مجموعے۔ سب سے پہلی کتاب میری بچوں کی نظموں کا گلدستہ ہے۔ ''بلّو کا بستہ'' اس پر مولوی عبدالحق کا ریویو قومی زبان کے گذشتہ شمارے میں دیکھو۔ مصطفیٰ زیدی (تیغ) کا مجموعہ شہر آذر بھی چھپ گیا ہے۔ میرا ناول (ترجمہ) مجبور زیر طبع ہے۔ جعفر طاہر کی نظمیں بھی یہیں سے چھپیں گی۔ افسوس کہ سرمایہ ہے نہیں، حوصلے بلند ہیں۔ تھوڑے پاؤں جم جائیں

پھر تمھاری کتابیں بھی یہیں سے چھپیں گی کہیں اور سے نہیں۔ تمھارا ڈاکٹریٹ کا موضوع کیا تھا؟ ہندوستان میں معاوضے کی ادائیگی واقعی دشوار مرحلہ ہے۔ ہم چارپانچ سو روپے وہاں سے تمھارے حساب میں جمع کرانا چاہتے ہیں کیوں کہ ساحر اور کرشن چندر کو کچھ پیسے دلوانے ہیں۔ بس تم ان کو جمع رکھنا۔ جہاں ہم کہیں وہاں بھیج دینا۔ سوائے تمھارے یہ تکلیف اور کسے دی جا سکتی ہے۔

باقی خیریت ہی خیریت ہے۔ جواب خط کا انتظار ہے۔ جمیل الدین عالی کا کہنا ہے کہ نئی نسل کے نام سے ایک کتاب مرتب ہو کر چھپنی چاہیۓ جس میں وہ، میں، جعفر طاہر اور ہمارے دیگر ہم عصر (یعنی تم) جنھوں نے اس میدان میں ڈنٹر پیلے ہیں شریک ہوں۔ کیا تم ان کی تدوین اپنے ذمے لے سکتے ہو۔۔۔۔۔۔۔ میرے بس کی بات نہیں۔ فہرست بنانا بھی تو کانٹوں کا بستر ہے۔

خیر اب یہ خط ختم۔۔۔۔۔۔۔ میری باتوں کا جواب دو۔

تمھارا

ابن انشا

**

کراچی

۲۳/۱/۶۰

ڈیر خلیل،

تم لوگ بڑے بے وفا ہو۔

میں نے سنا ہے تم یارانِ سرِیل نے غالب نام کا کوئی پرچہ نکالا ہے اور آج کل اس میں دھومیں مچا رہے ہو۔ حیرت ہے تم لوگوں کو میری یاد نہیں آئی جو تمھاری شہ رگ سے زیادہ قریب ہے۔

کرنا خدا کا ایسا ہوا کہ قریب قریب اسی وقت یہاں بھی ابال اٹھا اور ایک پندرہ روزہ کھلنڈرے پرچے کا ڈول پڑا۔ پرچہ کراچی سے نکل رہا ہے اور بطور ایڈیٹر میرے بھائی کا نام رہے گا لیکن ہو گا تمھارا پرچہ۔ تمھارے ذمے بہت کام ہیں جو تمھیں کسی دن بیٹھ کر لکھوں گا۔ پہلا پرچہ اس ماہ کے تیسرے ہفتے آنا تھا لیکن مجھے چند روز کے لئے مشرقی پاکستان جانا ہے، کوئی بیس دن کے لئے۔ کاش علی گڑھ راستے میں پڑتا اور ہم لوگ ملاقی ہو لیتے۔ پلین دہلی ضرور رکے گا لیکن کب کیسے؟ یہ معلوم نہیں۔ اگر ذرا سا بھی اس میں امکان ملاقات کا رہتا تو میں تمھیں ضرور تکلیف دیتا۔ اگرچہ فائدہ اس میں سوائے دیدار کے خاک نہ ہوتا۔

تو میرے بھائی اب پرچے کے سارے پرانے شمارے بھیجو۔ سنا ہے کوئی انجمن بنا کر تم دساور کے ادیبوں کو بلاتے ہو اور خوب ہفتے منائے جاتے ہیں۔ مجھے تفصیل معلوم ہو تو ہم یہاں یہی کریں۔ اس کے علاوہ میں نے آج کے ادیب کے نام سے ایک سلسلہ کتب پلان کیا ہے۔ بمبئی سے ادب کے معمار کے سلسلے میں کتب نے کتابیں شائع کی تھیں، یہ ان سے زیادہ elaborate ہوگا۔

امین اشرف صاحب کا خط آیا تھا۔ میں نے ان کو اس کا جواب دیا اور علی گڑھ میگزین کے لئے کچھ بھیجنے کا وعدہ بھی کر لیا۔ لازمی کوشش کر رہا ہوں کہ اس وعدے کو نبھاؤں۔ اگرچہ آج کل شعر کے خیمے خاک ہو رہے ہیں اور نغموں کی طنابیں ٹوٹ رہی ہیں۔

میں ڈھاکے جا رہا ہوں گلڈ کے پہلے سالانہ جلسے میں شرکت کے لئے۔ تمھارے ہاں جو ادیبوں کی تنظیم بننے کی خبر تھی اس کا کیا ہوا۔ اس کے منتظم بچارے کم سامان لوگ ہیں۔ اچھا یہ ہوتا کہ ایسا کنونشن علی گڑھ میں ہوتا۔ پھر اس کی کامیابی یقینی تھی۔ اب ہندوستان بھر میں علی گڑھ ہی اردو کا مرکز رہ جائے گا، خدا کرے کہ رہے۔ آج یہ سن کر افسوس ہوا کہ مشرقی پنجاب جو اردو کا گھوارہ تھا، اردو ریجنل زبان نہ مانی جائے گی۔

اب بس خط مطلوب ہے۔ رشّی کا کیا حال ہے۔ آج کل ہندوستان میں فیملی پلاننگ کا زور ہے۔ لیکن مسلمان لوگ کہاں باز آتے ہیں اس لئے پوچھوں گا اعظمیوں کی آبادی میں اضافہ ہوا کوئی؟

شہریار اور دوسرے لوگوں کو سلام۔

ابن انشا

**

کراچی

۱۱/۴/۶۰

خلیل، میں تم سے بہت ناراض ہوں۔

سبزہ زار ہیں سونے

کیا بھلا دیا تونے؟

شادی سبھی کی ہوتی ہے۔ آج تم کل ہماری باری ہے۔ بچے بھی کوئی ان ہونی بات نہیں۔ ہاں تم نے اس کے لئے باقی ساری دنیا کو تیاگ دیا ہو تو مجھے بھی تیاگ دو۔ اگر باقی سارے علائق سے راہ و رسم بدستور ہے تو شرم تم کو مگر نہیں آتی۔

اب ہم تم کو کیا بتائیں اس بیچ میں ہم پر بھی کیا سانحے گزرے۔ کچھ شعر کے خیمے بھی راکھ ہو کر رہ گئے ہیں۔ پچھلی کمائی پر کب تک گزارہ ہو گا۔ یار ہماری نسل کے ساتھ کچھ زمانے نے اچھی نہیں کی۔ جب آنکھ کھلی گل کی تو موسم تھا خزاں کا۔ خیر تمھارے ہمارے موسم میں قدرے فرق ہے۔ لیکن مہربانی اور نامہربانی کا گلہ یکساں ہے۔ اب اگر تم منہ سے گھنگھنیاں نکالو تو بات بنتی ہے۔ تمھارے دوست کنور اخلاق شہریار دور بہت بھاگیں ہیں ہم سے ورنہ غالب بھیجتے۔ اگر وہ تم سے قریب ہیں تو ہم سے دور کیوں ہیں۔ شاید غالب سے تمھاری خیر خیریت کی خبر ملتی رہتی۔۔۔۔۔ یہ جو ناگپور میں کانفرنس ہونے کو ہے تم اس میں جا رہے ہو، خدا کرے کامیاب ہو اگرچہ وہ لوگ بے سر و ساماں نظر آتے ہیں۔ کاش اس کا ڈول علی گڑھ میں پڑتا۔

اور کچھ نہیں۔ اور کچھ نہیں۔ تم نہیں سنتے تو باتیں ہماریاں اور کون سنے گا۔

رشی بیگم کو سلام اگرچہ وہ ہماری رقیب ہیں۔ تمھاری آل اولاد کو پیار۔

ابن انشا

***